Band 81

OUTDOOR

HANDBUCH

Chile: Torres del Paine Circuito

Dirk Heckmann

DER WEG IST DAS ZIEL

Der Autor und der Verlag sind für Lesertips und Verbesserungen
(besonders als e-mail oder auf Diskette)
unter Angabe der Auflagen- und Seitennummer dankbar.
Leser, deren Einsendung verwertet wird,
werden in der nächsten Ausgabe genannt und erhalten als Dank
ein Exemplar der neuen Auflage oder ein anderes Buch ihrer Wahl
aus dem Programm des Verlags.

☺ Aktualisierungen finden Sie auf unserer Internetseite
http://outdoor.tng.de

OutdoorHandbuch aus der Reihe Der Weg ist das Ziel, Band 81

Chile: Torres del Paine Circuito

ISBN 3-89392-181-8, 1. Auflage 2000

Outdoor® ist eine eingetragene Marke für Bücher des Conrad Stein Verlags

Dieses OutdoorHandbuch wurde konzipiert und redaktionell erstellt vom
Conrad Stein Verlag, In der Mühle, 25821 Struckum
☏ 04671/931314, FAX 04671/931315
e-mail: <outdoor@tng.de> internet: <http://outdoor.tng.de>
für die OutdoorHandbuch Stein KG, Struckum

Auslieferung für den Buchhandel:
(D) Prolit, Fernwald und alle Barsortimente
(CH) AVA-buch 2000, Affoltern
(A) Freytag & Berndt, Wien

Text und Fotos: Dirk Heckmann
Karten und Pläne: André Höppner
Lektorat: Conrad Stein, Marie-Luise Tolkmit, Marion Malinowski
Gesamtherstellung: Breklumer Druckerei

Dieses OutdoorHandbuch hat 151 Seiten
mit 18 farbigen Abbildungen sowie 11 Karten und Pläne.
Es wurde auf chlorfrei gebleichtem Papier gedruckt
und mit einer strapazierfähigen Fadenheftung versehen.

002480012800

Inhalt

Vorwort

"Als Gott am siebten Tag der Erschaffung der Erde auf sie hinabblickte, sah er, daß er von allem noch ein paar Reste hatte: Urwaldstücke, Wüstenfetzen, Flußläufe, Kupferberge, Vulkane, Fjorde, Eis und vieles mehr. Da schütteten die Engel auf sein Geheiß all dies hinter einem langen Bergwall - den Anden - zusammen. Und es entstand Chile - das vielgestaltigste Land unseres Planeten."

(aus dem Volksmund)

Und es zeigt sich, daß diese Reste nicht minderer Qualität sind, sondern solche Dimensionen annehmen, daß Chile wegen seiner gigantischen Natur mehrfach im Guinness-Buch der Rekorde steht. So finden Sie es in der Rubrik "Längstes Land der Erde"; dazu befindet sich der höchste aktive (Guallatiri, 6.063 m), und der höchste nicht aktive Vulkan (Ojos del Salado, 6.893 m) unseres Planeten auf Chiles Territorium. Ebenso das höchstgelegene Geysirfeld (El Tatio, 4.321 m) und der höchste See (Lago Chungara, 4.570 m), die größten Kupfervorkommen (Chiquicamata), das größte zusammenhängende Eisfeld außerhalb der Polkappen (Campo de hielo sur, Länge 300 km), die trockenste Wüste der Welt (Atacama-Wüste), der niederschlagreichste Regenwald und weitere Phänomene mehr.

Diese kontrastreiche Natur erlaubt es, in allen nur erdenklichen Freizeitaktivitäten ein Maximum an Spaß zu finden. Touristisch gesehen ist Chile seit langem kein Insider-Tip mehr, sondern ist zum beliebtesten Reiseland Südamerikas avanciert.

Ein sehr beliebtes Reiseziel innerhalb Chiles und einer der schönsten Nationalparks unserer Erde ist der Parque Nacional Torres del Paine, ganz im Süden des Landes. Seine weltberühmten drei Torres (Türme) erheben sich fast 3.000 m aus der patagonischen Weite empor. Um dieses einzigartige Bergmassiv hat die Forstbehörde einen Rundweg - *Circuito* - angelegt, der die enorme Fülle der Flora und Fauna erschließt und dem Wanderer die rauhe Schönheit Patagoniens in all ihren Facetten zeigt.

Die Schönheit des Parks kann nur durch das Wetter getrübt werden. Die Einheimischen sagen, daß man alle vier Jahreszeiten an einem Tag erleben kann, und das an jedem Tag.

Das Gewaltigste am Wetter ist der Wind, der enorme Geschwindigkeiten entwickeln kann und jede Wandertour zur Tortur werden lassen kann. Er kommt vom Pazifik, wo der kalte Humboldt-Strom aus der Antarktis an Chiles Küsten vorbeifließt. Danach fegt er über das größte Eisfeld außerhalb der Pole hinweg (Campo de hielo sur) und kühlt sich dabei stark ab. Windgeschwindigkeiten über 100 km/h sind keine Seltenheit, die auch Trekker mit schweren Rucksäcken von den Beinen holen. Der Wind sorgt aber auch dafür, daß sich das Wetter innerhalb von Stunden ändert.

Darum sollten Sie, wenn Sie an einem Tag einmal etwas schlechteres Wetter erwischen, in Ihrer Unterkunft bleiben und erst am nächsten Tag weitermarschieren. Das Bergmassiv hat Jahrmillionen gebraucht, um seine heutige Gestalt anzunehmen, da sollten Sie nicht um Tage feilschen.

Ich habe erlebt, daß es in meinem Nachtlager direkt zu Füßen der drei Torres in der Nacht schneite, die drei Spitzen am frühen Morgen in Wolken hingen, dann jedoch ein kräftiger Windstoß alles wegpustete und ich einen fast perfekten Sonnenaufgang erlebte. Also *tranquilo* - ruhig, locker bleiben, wie der Chilene sagen würde.

Für den Trail ist keine besondere Kletter- oder Bergsteigererfahrung erforderlich, jeder kann ihn meistern, sofern die Ausrüstung stimmt. Mit Plateauschuhen und Regenschirm wird es allerdings kaum gelingen. Gut eingelaufene Wanderschuhe und ein größerer Rucksack, in den Zelt, Schlafsack, Isomatte und Kocher sowie wasserdichte Kleidung passen, sind Bedingung. Lassen Sie aber auch genügend Platz für Verpflegung; es gibt zwar in einigen Refugios Lebensmittel zu kaufen, doch fragen Sie besser nicht nach den Preisen.

Der Circuito ist in sieben bis zehn Tagen zu schaffen. Die Kilometerangaben für die einzelnen Etappen dienen nur der groben Orientierung, denn aufgrund des unwegsamen Geländes kann man sich leicht verschätzen. Die Umrundung des Paine-Massivs beträgt etwa 110 km, insgesamt wurden 250 km Wanderwege im Park angelegt. Der höchste Punkt liegt am Paso John Garner mit 1.241 m.

Der Circuito Torres del Paine ist ein Erlebnis der besonderen Art, und ich wünsche jedem, der ihn umrundet, daß er Glück mit dem Wetter hat und die atemberaubend schönen Torres und Cuernos, die Gletscher sowie viel von der patagonische Tierwelt zu Gesicht bekommt.

Bien viaje!

Danke

Mein erster Dank geht an Frau Kaiser und Frau Höpfner von LanChile, der chilenischen Fluggesellschaft, die mir mit ihrer Unterstützung meine erneute Chilereise überhaupt ermöglichten.

Mein größter Dank gilt Jorge "Speedy Conzales" Ruiz von Andescape, der mit mir zusammen den Circuito gegangen ist. Ohne ihn hätte ich den Trail nicht gehen können. Und ohne die Zustimmung seines Chefs Miguel von der Agentur Andescape, hätten wir gar nicht starten können. In einigen Refugios von Andescape konnte ich nächtigen, obwohl sie noch gar nicht geöffnet hatten.

Danke auch an die Teams vom Refugio Grey und Pehoé und den Besitzer der Hostería Las Torres, der mir sogar Pferde zur Verfügung stellte, für die gewährte Gastfreundschaft.

Danke auch an Manfred (Männix) X. Sproll für sein Notebook und an Jack Wolfskin, die mir Sonderkonditionen einräumten.

Über den Autor

Dirk Heckmann hat Feinwerktechnik in Furtwangen und Journalistik in Hannover studiert. Seine bisherigen Reisen (Deutschland, Neuseeland, Skandinavien, Türkei, u.a.) unternahm er ausschließlich allein mit dem Fahrrad, der besseren Kontaktaufnahme zu den Einwohnern wegen, und weil bei der angenehmen Reisegeschwindigkeit alle Sinne intensiv das Land erleben.

So hat er auch Chile ein halbes Jahr lang vom hohen Norden bis in den tiefen Süden mit dem Rad bereist, worüber er einen "normalen" Reiseführer ("Chile mit Antarktis und Osterinsel", erschienen im OPS-Verlag, München) schrieb.

Da es ihm Chile angetan hat, reiste er ein zweites Mal in das "Land mit den längsten Möglichkeiten", um zu Fuß einige entlegene Stellen zu erwandern, so auch den Parque Nacional Torres del Paine, den schönsten Nationalpark Südamerikas.

Aus seiner Feder stammt auch das OutdoorHandbuch aus der Reihe Der Weg ist das Ziel "Norwegen: Nordkap-Route" aus dem Conrad Stein Verlag sowie der Fahrradreiseführer "Mittel- und Nordschweden - mit Nordkap", erschienen im Pietsch-Verlag.

LAND UND LEUTE

Geschichte

Etwa 30.000 v.Chr. überquerten die ersten Menschen die Beringstraße zwischen Rußland und Alaska und zogen langsam südwärts. Aus archäologischen Funden weiß man heute, daß sie um 10.000 v.Chr. auf Feuerland ankamen. Daraus schließt man, daß die ersten Menschen das Gebiet des heutigen Chile um 13.000 v.Chr. erreichten.

Durch die unterschiedlichen geographischen und klimatischen Bedingungen entwickelten sich unterschiedliche Kulturen: Im Norden lebten z.B. die Atacameños, die das Töpfer- und Weber-Handwerk beherrschten. Die Metallverarbeitung sowie Ackerbau waren ihnen ebenfalls bekannt, das hatten sie von den Inka gelernt. Im Fjordgebiet Chiles, also ganz im Süden, lebten die Onas und Alacalufes. Sie waren nicht seßhaft, sondern zogen in ihren Kajaks durch die Fjorde und lebten hauptsächlich vom Fischfang.

Ende des 14. Jahrhunderts gelangte Nordchile stark unter den Einfluß der Inka, die immer weiter gen Süden zogen. Bis Concepción kamen sie, dort wurden sie von den Mapuche (Volk der Erde), einem Araukaner-Stamm, gestoppt.

1492 "entdeckte" Christoph Columbus Nordamerika. Bis 1533 dauerte es, bis die spanischen Conquistadores die Inka-Hauptstadt Cuzco eroberten. Gierig nach Gold zog General Diego de Almagro mühevoll über die Anden und durch die Atacama-Wüste weiter Richtung Südchile. Sein Feldzug wurde ebenfalls von den Mapuche-Indianern bei Concepción gestoppt. Verärgert über diese Pleite und darüber, daß es hier kein Gold gab, ging er zurück nach Cuzco.

Pedro de Valdivia war der nächste Spanier, der den beschwerlichen Weg gen Südchile unternahm. Am Beginn des chilenischen Längstals gründete er 1541 den Ort Santiago de la Nueva Estremadura und an der Küste die Hafenstadt Valparaíso. Danach zog auch er mit seinen Truppen gen Süden. In der Nähe von Concepción nahm der Mapuche-Häuptling Lautaro General Valdivia und seine Mannen gefangen und ermordete sie.

Am 1.1.1818 erklärte sich Chile von Spanien unabhängig. Sein erstes Staatsoberhaupt war Bernardo O'Higgins, der zuvor die Spanier in der

Schlacht von Chacabuco besiegt hatte. Im Jahr 1882 gelang es den Chilenen, mit den Mapuche Frieden zu schließen.

Die Menschen in Chile lebten recht zufrieden, war der Boden doch mit Rohstoffen wie Kupfer und Silber reich gesegnet, was dem Land einen gewissen Wohlstand brachte. Um 1850 kamen auf Bitten der chilenischen Regierung Einwanderer ins Land: Deutsche, Schweizer und Österreicher waren unter ihnen, die im unbesiedelten Süden ihr Glück versuchten.

1879 begann zwischen Bolivien und Peru auf der einen Seite und Chile auf der anderen Seite ein Krieg um die großen Salpetervorkommen in der Atacama-Wüste. Jeder war der Meinung, daß die Bodenschätze auf seinem Territorium lägen. Chile fing einfach an, die Bodenschätze abzubauen, was die anderen beiden Länder nicht einfach so hinnehmen wollten. Der Krieg ging unter dem Namen **Salpeter- oder Pazifischer Krieg** in die Geschichtsbücher ein. Chile siegte und bekam das Land bis zur Stadt Arica zugesprochen. Bolivien wurde damit der Weg zum Pazifik abgeschnitten.

Mit der Masse an Bodenschätzen lebte es sich weiterhin gut in Chile - bis 1920, als Justus von Liebig die künstliche Herstellung von Salpeter erfand. Chile stürzte in eine Wirtschaftskrise. In der folgenden Zeit wechselten die Regierungen sehr häufig.

1964 kam der Christdemokrat **Eduardo Frei** an die Macht. Er verstaatlichte den Kupferbergbau zu 50%. Bei 80% Exporteinnahmen alleine durch Kupfer brachte das gutes Geld in die Staatskassen, das er für den Wohnungs- und Kindergartenbau sowie im Kampf gegen das Analphabetentum einsetzte. Bei der Wahl 1970 wurde Frei von **Salvador Allende** abgelöst. Allendes Politik, die Einkommen gerechter zu verteilen, der Verfall des Kupferpreises und einiges mehr brachten das Land in eine schwere Krise, die General Augusto Pinochet Ugarte meinte, mit einem Militärputsch (1973) beenden zu können. Allende starb am 11.9.1973 bei dem Putsch.

Pinochet griff hart durch und ließ Sympathisanten oppositioneller oder radikaler Gruppen gnadenlos verfolgen. Diese Säuberungsaktionen brachten die Militärjunta im Ausland in Mißkredit, und das Land geriet in diplomatische Isolation. Mitte der 80er Jahre gründete sich eine Oppositionsbewegung. Sie schaffte es, Pinochet so unter Druck zu setzen, daß er seinen politischen Kurs ändern mußte. 1987 wurden politische Parteien wieder zugelassen und

1989 wurden einige Verfassungsänderungen verabschiedet, die die Macht Pinochets beschränkten.

Aus der Wahl von 1990 ging der Christdemokrat Aylwin als Sieger hervor, und Chile gewann sein Ansehen in der Welt zurück. Seit 1993 ist Eduardo Frei, Sohn des ehemaligen Präsidenten gleichen Namens, an der Macht. Er ist ebenfalls Christdemokrat.

Geographie

Chile liegt als langgezogenes Land zwischen den Anden und der Pazifikküste mit einer Länge in Luftlinie von 4.329 km. Kein anderes Land der Erde bringt es auf solch eine Längsausdehnung. In der Breite kommen im Durchschnitt ca. 180 km zustande, wobei die breiteste Stelle (bei Antofagasta im Norden) gerade einmal 355 km beträgt.

Dieses "schmale Handtuch" bringt es dennoch auf eine Kontinentalfläche von 756.626 km^2, was weltweit den 37. Platz bedeutet (zum Vergleich: Deutschland hat mit 356.957 km^2 Platz 61). 1940 hat Chile eigenmächtig sein Territorium erweitert: Es beansprucht einen Sektor in der Antarktis, der zwischen 53° und 90° westlicher Länge liegt. Das sind zusätzliche 1.250.000 km^2.

Chiles Nachbarn sind im Norden Peru, im Osten die Länder Bolivien und Argentinien. Zu diesen beiden Ländern bilden die Anden die natürliche Grenze. Und da sich auf der Westseite nur noch der größte Ozean der Erde, der Pazifik, anschließt, vergleicht man das Land mit einer Insel: Die Natur trennt Chile von seinen wenigen Nachbarn.

Neben den Anden gibt es einen zweiten Gebirgszug in Chile, der etwas oberhalb Santiagos beginnt - die sog. Küstenkordillere. Sie erreicht eine maximale Höhe von 2.300 m. Zwischen ihr und den Anden liegt von Santiago bis Puerto Montt - hier versinkt die Küstenkordillere im Meer - das chilenische Längstal. In ihm leben 90% der chilenischen Bevölkerung, und es ist wegen seines fruchtbaren Bodens die Kornkammer des Landes.

Seit 1888 gehört auch die Osterinsel (Isla de Pascua, Rapa Nui) zu Chile. Die Insel liegt 3.700 km westlich des südamerikanischen Kontinents im Pazifik.

Flora und Fauna

Durch die gigantische Ausdehnung hat das Land eine reichhaltige Vegetation zu bieten. Der Norden mit der Atacama-Wüste ist allerdings sehr karg mit Pflanzen bestückt. An einigen Stellen hat die Forstbehörde *Conaf* den Tamarugo-Baum wieder angepflanzt, der bestens mit dem Wüstenklima zurechtkommt. Ansonsten findet man hauptsächlich in den höheren Regionen ab 3.000 m wieder Leben: Kakteen, harte Büschelgräser und in den Seen auch einige Wasserpflanzen. Lamas, Vicuñas, Viscachas, Nandus, Wasservögel, der Andenspecht und der Kondor sind nur einige Tierarten, die diese rauhe Naturform als Lebensraum gewählt haben.

Dieser Wüstenregion schließt sich gen Süden eine Dornbusch-Savanne an, in der es einige Flüsse schaffen, das Wasser aus den Anden bis zum Pazifik zu transportieren. In ihren Tälern gedeihen exotische Früchte wie Chirimoya, Guayaba oder Papaya. Außerhalb der Flußtäler wachsen Säulenkakteen und Dornensträucher. An der steilen Küste, wo sich am Morgen an einigen Stellen Nebel bildet, gedeiht eine üppige Vegetation, wie z.B. im Fray-Jorge-Nationalpark.

Die Küste bietet einer Unmenge von Seevögeln, Fischen, Robben und Pelikanen ein angenehmes Leben. Der Humboldt-Strom, der nährstoffreiches, kaltes Wasser an der gesamten chilenischen Küste entlangführt, deckt ihren Speiseplan auf abwechslungsreiche Art.

Die Zahl der Schmetterlinge, Insekten und Echsen im Landesinneren nimmt weiter südlich ständig zu.

Im Längstal unterhalb von Santiago wird Ackerbau und Viehzucht betrieben. Hier haben Tiere kaum Platz, außer einigem Kleingetier und Insekten. Am Fuße der Anden und den Berghängen fühlen sich Nadelbäume sehr wohl; Farne und Bambuspflanzen bedecken den Waldboden.

Zwei wunderschöne Baumarten, die im Seengebiet Chiles wachsen, sind zum einen die *Araukarie*, die Zweige hat, die wie schuppige Schlangen aussehen. Zum anderen ist es die *Alerce*, eine Zypressenart, die eine Höhe von 80 m erreichen kann und bis zu 3.000 Jahre alt wird.

Dazu kommen Buchenarten, wie die *Roble* oder *Colihue*, die im Seengebiet und weiter südlich, entlang der Carretera Austral, Chiles südlicher Traumstraße, wachsen. Hier im Unterholz, zwischen 2 m hohen Farngewächsen, finden Sie auch die Nationalblume Chiles, die *Copihue*. An dieser Straße ist die Vegetation sehr üppig, fällt doch in einigen Bereichen bis zu 5.000 mm Niederschlag im Jahr.

Ganz im Süden nimmt die Niederschlagsmenge wieder ab, und auch die Vegetation geht stark zurück, bis nur noch das Pampagras in der Weite Patagoniens mit den rauhen klimatischen Bedingungen zurechtkommt. Der Süden ist die tierreichste Region des Landes: Die Artenvielfalt der Fauna und Flora ist trotz der harten, unmenschlichen Bedingungen sehr verschiedenartig. Oder ist es gerade weil der Mensch hier so selten ist?

An Landsäugetieren ist das patagonische Guanaco (*Lama guanacoe*) das bekannteste Tier. Es ist ein Verwandter des Kamels, hat einen langen Hals und einen kleinen Kopf. Das allerdings höckerlose Tier erreicht eine Höhe von 1,10 m. Die Guanacos sind schnelle Läufer, die sich mit einer klebrigen Flüssigkeit, die sie aus ihrer Nase pusten, gegen Feinde wehren.

Einer ihrer Feinde ist der Puma (*felis concolor*), dessen Population leider mehr und mehr zurückgeht. Er lebt bevorzugt in den Bergtälern. Dezimiert wurde er vom Menschen, da er ihre Schafe riß.

Ein anderes in den Bergen lebendes Tier ist das *Huemul* (*hippocamelus bisulcus*). Diese Hirschart ist mit dem Kondor zusammen im chilenischen Wappen verewigt. Das etwa 1 m große Tier lebt hauptsächlich in den Bergregionen zwischen Monte (Berg) Balmaceda und dem Paine-Massiv. Die Huemuls sind selten geworden, genauso wie die Wildkatzen (*felis colocolo*), die in der weiten Pampa ab und zu anzutreffen sind.

Etwas verbreiteter ist der Berglöwe (*felis geofroyi*), der in den Parks und Wäldern umherschleicht. Auch der Rote Fuchs und der Graue Fuchs leben in Patagonien, doch sie werden, wie der Puma, vom Menschen gejagt, da sie die Schafe als einen Teil ihres Speisezettels sehen.

Im angrenzenden Pazifik leben sechs Walarten, von denen der Blauwal (*balaena australis*) der Größte ist. Aber auch Delphine tummeln sich in den Kanälen und begleiten die Schiffe auf deren Bugwellen aufs offene Meer. Seelöwen und Pelzrobben kommen immer wieder an die gleichen Küstenabschnitte Patagoniens zurück, um ihre Jungen zur Welt zu bringen und großzuziehen.

Die Fischwelt ist sehr reichhaltig und schmackhaft, und zahlreiche Weichtiere wie z.B. Muscheln können ebenfalls aus dem Wasser gefischt werden. Die großen Muscheln heißen *choro*, die mittelgroßen *cholga*, die kleineren Muscheln *quilmawe*. Sehr schmackhaft sind auch *almejas, locos, erizos, ostiones* (Austern) und Tintenfische. Unter den Krustentieren verdient die *centolla*, die Königskrabbe, besondere Aufmerksamkeit. Und das nicht, weil sie extrem gefährlich ist, sondern weil ihr Fleisch delikat schmeckt.

An Landvögeln ist eine vertraut aussehende Art der Ñandú (Darwinstrauß), ein Verwandter des australischen Strauß, anzutreffen. Früher wurde er vom Menschen gejagt, da man es auf seine weichen Federn abgesehen hatte. Heute ist seine Jagd strengstens verboten. Wie sein australischer Kollege ist auch er flugunfähig, kann dafür aber schnell rennen.

Die vielen Gewässer in Patagonien ziehen Enten in unterschiedlichen Größen und Farben an. Mit die schönsten Seevögel sind die Schwarzhalsschwäne, die *cisnes de cuello negro*. Wie der Name schon sagt, sind Hals und Kopf schwarz, der Rest ist weiß.

Farben von zartrosa bis scharlachrot färben die Federn der in Chile lebenden Flamingos. Ein herrliches Gefieder haben auch die *caiquén*- und *canquén*-Gänse.

Erwähnt werden muß natürlich auch der Andenkondor, der König der Lüfte. Er ist zwar mit seinem federlosen Kopf und Hals nicht besonders schön, doch wenn Sie ihn mit seiner Spannweite von bis zu 3,25 Metern durch die Lüfte schweben sehen, ist das ein majestätischer Anblick. Zahlreiche andere Raub- und Singvögel bevölkern die stellenweise unberührten Wälder im Süden Chiles.

Der Pinguin ist ein typischer Vertreter der patagonischen Seevögel. Zu Tausenden nistet er in der Zeit von Oktober bis März an den kleinen Inseln Patagoniens und Tierra del Fuegos (Feuerland). Am verbreitetsten ist der Magellan-Pinguin, dessen Kolonien Sie u.a. in der Nähe von Punta Arenas besuchen können.

Einer der kuriosesten Vögel ist der *Pato o Vapor* oder auch *Pato Quetro* (Paddlewheel duck). Er ist - wie der Pinguin - flugunfähig, doch macht er dieses Manko wett, indem er seine Flügel wie Paddel benutzt und so über das Wasser "fliegt". Mit seinen rotierenden Flügeln hat er Ähnlichkeit mit einem Miniatur-Raddampfer.

In den meisten Regionen ist die Vegetation durch den häufigen Niederschlag sehr mannigfaltig. Da ist zum einen der magellanische Wald: Er beginnt unterhalb des 47. südlichen Breitengrades und reicht bis zum Kap Hoorn (*Cabo de Hornos*) auf dem 56. südlichen Breitengrad. Der Wald hat eine große Baumvielfalt. Er ist stellenweise so dicht, daß er einem schier undurchdringlich vorkommt. Die am häufigsten vorkommenden Bäume sind: *el coigüe* (*nothofagus betuloides*), eine sehr schöne Spezies der Eiche, *el ñire* (*nothofagus antarctica*) und *la lenga* (*nothofagus pumilio*), alles Laubbäume. Das Holz der coigüe und der lenga eignet sich sehr gut für den Möbelbau.

Des weiteren wachsen in diesen Breitengraden *el canelo* (*drimys winteri*) oder auch Zypressen (*Pilgerodendron uvifera*). Der Wuchs der Bäume wird allerdings, je südlicher Sie kommen, immer kleiner. Büsche und Sträucher finden sich sowohl im Waldgebiet als auch in offeneren Gegenden. Die häufigsten Sträucher sind: *perennial circuelillo* oder *notro* (*embothrium caccineum*), die an den sonnigen Hangseiten wachsen und im Sommer wunderschöne rote Blüten tragen; die Fuchsie (*fuchsia magallánica*) ist ein großer Busch, der im Sommer mit rötlichen oder lila farbenen Blüten lockt. Die *coihüe* (*philesia buxifolia*) ist eine Kletterpflanze, die sich in der nördlichen Fjordregion Patagoniens am wohlsten fühlt. Der Calafate-Busch (*berberis buxifolia*) ist ein stachliger Geselle, der im undurchlässigen Dickicht wächst.

Einer der unzähligen, kleinen Farne, die im Walddickicht wachsen, ist der wunderschöne *Belchum magellanicum*, dessen dicker, kurzer Stamm von unzähligen Blättern überdacht wird, die auf der Außenseite grün und in Stammnähe pink gefärbt sind. Je höher es die Berge hinaufgeht, desto kleinwüchsiger werden die Pflanzen. Die Baumgrenze ist je nach klimatischen Bedingungen unterschiedlich hoch: Liegt sie im patagonischen Norden (47° südlicher Breite) auf einer Höhe von 1.200 m, so sinkt sie im tiefen Süden (55° südlicher Breite) in der Darwin-Kordillere auf Feuerland auf 600 m ab.

Bevölkerung

Etwa 14,5 Millionen Menschen leben in Chile auf 756.626 km². Das sind 19,2 Einwohner pro km² (in Deutschland sind es 225 pro km²). 86% von ihnen leben in Städten, 5,7 Mio alleine in der Hauptstadt Santiago de Chile - das sind fast 40%.

90% der chilenischen Bevölkerung lebt in dem Längstal zwischen Santiago und Puerto Montt, das entspricht einer Bevölkerungsdichte von 100 Einwohnern pro km². Der tiefe Süden ist mit einem Einwohner pro 10 km² am dünnsten besiedelt.

Die Lebenserwartung im Land der längsten Möglichkeiten liegt bei 74,5 Jahren. Mit 1,5% liegt die Bevölkerungs-Wachstumsrate unter dem Durchschnitt Lateinamerikas.

Die Zusammensetzung der Bevölkerung ist sehr homogen: Etwa 90% sind Weiße oder Mestizen. Mapuche, Aymaras oder Polynesier machen heute etwa 10% der Bevölkerung aus. Die Kolonisation hat ihren Anteil drastisch reduziert.

Religion

Daß 77% der Bevölkerung katholisch sind, ist den spanischen Eroberern zu verdanken. Evangelisch (Pfingstler) sind 12%, 0,8 % sind Protestanten. 4,3% haben sich einer anderen Religion angeschlossen. Knapp 6% gehören keiner Religion an.

Sprache

In Chile wird Spanisch gesprochen. Englisch ist nicht sehr verbreitet, geschweige denn Deutsch. Mit einem Spanisch-Wörterbuch sowie Händen und Füßen klappt die Verständigung meistens irgendwie.

Die Südchilenen haben die Angewohnheit, sehr schnell zu sprechen und die Endungen zu verschlucken, was das Verstehen erschwert. Die Chilenen sind Besuchern gegenüber aber sehr hilfsbereit und haben sehr viel Geduld mit uns "*Gringos*".

Wirtschaft

Dank der enormen Bodenschätze wie Kupfer, Gold, Silber, Salpeter, Holz, usw. geht es dem Land zwischen Anden und Pazifik gut. Doch nicht nur Rohstoffe, sondern insgesamt über 4.300 Güter exportiert Chile in über 175 Länder der Erde.

So steht Chile bei der Ausfuhr von Kupfer, Salpeter und Lithium sowie Weintrauben weltweit an erster Stelle. Beim Lachsexport nehmen sie hinter

Norwegen den zweiten Platz ein. Wein, Blumen, Fischmehl, Zellulose, Beeren und Dienstleistungen, auch hier ist Chile stark im Kommen.

Kupfer	42.0%	Frischobst	6,6%
Zellulose	5,6%	Holz und Holzmöbel	4,9%
Fischmehl	3,2%	Fisch	5,6%
Andere	32,1%		

Mit der EU hat Chile seit längerem gute Handelsbeziehungen. So wurde 1962 das erste Büro der Europäischen Gemeinschaft in Lateinamerika in Santiago eingerichtet. Zwischen 1990 und 1995 stieg der Export in die EU-Länder um 38%, die Einfuhr um satte 78%. Dieser Aufwärtstrend hat sich auch in den folgenden Jahren fortgesetzt. 1997 betrug die ausländische Investition in Chile 8,092 Milliarden US$, das bedeutet einen Anstieg von 26,6% im Vergleich zum Vorjahr. Großbritannien und Spanien mit 22,1% bzw. 21,3% liegen dabei an der Spitze der Investoren.

Die Öffnung Chiles für die internationalen Märkte hatte zur Folge, daß es einigen wichtigen Handelsblöcken beitreten konnte, wie dem Mercosur, NAFTA oder APEC.

Tourismus

Namen wie Anden, Atacama-Wüste, Osterinsel, Valle de la Luna, die Wälder, Seen und aktiven Vulkane des Kleinen Südens, die Traumstraße Carretera Austral, Patagonien, Feuerland und Kap Hoorn gehören zu den letzten Sehnsuchtszielen auf unserer Erde. All das und vieles mehr finden Sie in Chile! Diese Attraktionen lassen jedes Jahr die Besucherzahlen im Land mit der verrücktesten Geographie ansteigen. Sehr beliebt ist Chile bei seinen südamerikanischen Nachbarn, insbesondere bei den Argentiniern. Für sie ist Chile ein günstiges Reiseland und so ist es kein Wunder, daß sie auch die größte Reisegruppe im Land bilden. Bei den europäischen Chile-Fans liegen die Deutschen als stärkste Reisegruppe an erster Stelle. Knapp 40.000 von ihnen fliegen jährlich in das Natur-Abenteuerland.

Die touristische Infrastruktur verbessert sich von Jahr zu Jahr enorm, ausländische Investoren haben das Land mit den unbegrenzten Möglichkeiten für sich entdeckt. So entstehen in den touristischen Hochburgen des Landes neue Unterkünfte, werden Flughäfen modernisiert und mehr und mehr Straßen asphaltiert.

Die Entdeckung des Tourismus bringt das Erschließen immer neuer Freizeitaktivitäten mit sich, leider nicht immer im Einklang mit der Natur. Rafting, Tauchen, Angeln, Heli-Skiing, Mountain-Biking, Paragliding, Surfen, Kajaking, Trekking, Gletscher-Trekking, all das ist in Chiles gewaltiger Natur möglich.

SYMBOLE

Achtung, Vorsicht
Angelmöglichkeit
Apotheke
Aussichtspunkt
Auto / Leihwagen / Taxi
Bademöglichkeit
Bahn
Bank
Buchtip, Kartentip
Bus
Café
Camping
Entfernung
Fahrradverleih,- route
Flugzeug
Fax
Fototip
Getränkekiosk / Bar
Hospital, Krankenhaus
Hotel
Höhe
Information
Jugendherberge, Hütte
Kanu
Klima, Wetter
Krämerladen / Markt
Museum
Nationalpark-Information
Öffnungszeiten
Parkplatz
Polizei
Post
Reiten
Restaurant, Cafeteria
Rundflüge
Schiff, Fähre
siehe... (Verweis)
Supermarkt
Tankstelle
Telefon
Vorwahlnummer
Tip
Vogelbeobachtung
Walbeobachtung

Reise-Informationen von A bis Z

Angeln

Sehr gute Möglichkeiten zum Angeln bestehen im Torres del Paine Nationalpark in den Seen Lago del Toro, Lago Sarmiento sowie im Río Serrano. Um überhaupt Fische aus dem Wasser ziehen zu dürfen, müssen Sie sich eine Lizenz in den Büros von Sernapesca besorgen. Dort erfahren Sie auch, wann welche Fische geangelt werden dürfen.

- Sernapesca, 21 de Mayo 1490, Punta Arenas.
- Sernapesca, Yungay 361, Puerto Natales.

An- und Abreise

Die chilenische Fluggesellschaft LanChile fliegt täglich von Frankfurt über Madrid und Sao Paulo nach Santiago. Weiterhin haben Lufthansa, Aerolineas Argentinas, KLM, British Airways und andere den Flug von Deutschland aus über die Anden im Programm. Der Preis richtet sich nach der Saison und liegt zwischen DM 1.500 und DM 3.000 (LanChile). Die Flieger landen auf dem internationalen Flughafen *Comodoro Arturo Merino Benítez,* der ca. 25 km vom Zentrum Santiagos entfernt liegt. Das alte Gebäude, die ehemalige internationale Ankunftshalle gleich neben der neuen Halle, dient heute als Abfertigungshalle für die Inlandsflüge.

Von hier geht's weiter mit LanChile, Ladeco, Nacional und Alta in den Norden und Süden des über 4.300 km langen Landes. LanChile ist die einzige Airline, die auf die zu Chile gehörende Osterinsel fliegt.

Um vom Flughafen ins Zentrum Santiagos zu gelangen, bieten sich mehrere Möglichkeiten: Am Ausgang der Empfangshalle bieten Taxis ihre Dienste für ca. $ 5.000 (chil. Peso) an. Vor der Halle warten auch Busse, die zwischen dem Aeropuerto und dem Zentrum im Zehn-Minuten-Takt pendeln.

- Aerobuses Tour Express, ☏ 6717380, kostet $ 1.000.
- Buses Centropuerto, ☏ 6019883, kostet nur $ 640 einfach.
- Minibusse, die auch in bestimmte Stadtteile fahren, kosten je nach Ziel zwischen $ 2.100 und $ 3.000 (z.B. Transfer Delfos ☏ 7777707). Größere Hotels bieten ihren Gästen einen Abhol- und Bringdienst zum Flughafen.

✈ Nationale chilenischen Fluggesellschaften in Santiago (Vorwahl 2):

- LanChile, Agustinas 640, ☎ 6394411, sowie in der Pedro de Valdivia 0139, ☎ 6872700; Reservierung ☎ 6872323.
- Avant, Pedro de Valdivia 041, ☎ 2525300 + ☎ 2343458, FAX 2520164 - oder in der Luis Thayler Ojeda 0140, ☎ + FAX 3639030.
- Ladeco, Huérfanos 1157, ☎ 6395053, sowie in der Pedro de Valdivia 0210, ☎ 6613980; Reservierung ☎ 6613000.
- ALTA, Avenida El Bosque Norte 181, ☎ 2460800; fliegt bisher "nur" die Strecken zwischen Iquique und Punta Arenas.

✈ Internationale Fluggesellschaften in Santiago (Vorwahl 2):

- Lufthansa, Moneda 970, ☎ 6301000.
- KLM, Aeropuerto, ☎ 6901364.
- Iberia, Bandera 206, ☎ 6781716.
- Aerolíneas Argentinas, Moneda 756, ☎ 6393922.

✱ Die Flughafengebühr auf dem Flughafen *Comodoro Arturo Merino Benítez* von Santiago beträgt z.Z. $ 8.550 bzw. US$ 18.

Ausrüstung

Wanderschuhe und Socken

Legen Sie besonderen Wert auf gute Wanderschuhe, die Sie vorher gut einlaufen müssen. Blasenbildung an den Füßen hat so manche Tour zur Tortur werden lassen. Ob Sie jetzt Gore-Tex durchzogene Wanderstiefel oder Lederstiefel wählen, ist von nicht so großer Bedeutung. Wichtig ist, daß sie bis über den Knöchel gehen und gut zu schnüren sind.

Geben Sie ruhig etwas mehr Geld für gute Socken aus, es gibt gewaltige Qualitätsunterschiede. Nehmen Sie keine Baumwollsocken, das fördert nur die Schweißfußbildung, und der Strumpf trocknet sehr schlecht. Zu empfehlen sind Thorlo-Trekkingsocken, die die empfindlichen Bereiche der Füße gut schützen. Waschen Sie die Strümpfe nicht täglich; je länger Sie sie ungewaschen tragen, desto besser schmiegen sie sich an die Füße.

Kleidung

Durch die Lage des Nationalparks weit im Süden und nahe des großen Eisfelds Campo de hielo sur müssen Sie damit rechnen, daß es auch in den Sommermonaten schneien kann - und daß nachts die Temperaturen in den

Minusbereich eintauchen, ist nichts Außergewöhnliches. Das bedingt einen vollen Rucksack, denn lange Unterhosen, langärmlige Unterhemden, gut wärmende Jacken und Regenkleidung sind ein Muß für diesen Trail, egal in welcher Jahreszeit Sie den Park erwandern wollen.

Empfehlen kann ich Polartec-Unterwäsche (z.B. von Jack Wolfskin), sie wärmt gut, ist leicht, gut zu verstauen und trocknet sehr schnell. Darüber kommt ein Flanellhemd und eine Fleece-Jacke guter Qualität sowie ein Windbreaker oder bei Regen und Schnee eine gute Regenjacke, fertig ist die Oberbekleidung.

Über der langen Unterhose sollten Sie eine gute Trekkinghose aus robustem Microfasergewebe tragen. Das Gewebe ist winddicht, wasserabweisend und schnell trocknend; hierüber kommt, wenn nötig, eine wasserdichte Regenhose. Somit haben Sie auch die Beine für Temperaturen bis in die Minusgrade sehr gut geschützt. Sollte es wärmer werden, können Sie sich wie eine Zwiebel häuten.

Der Vorteil von Fleece-Bekleidung ist ihr geringes Gewicht, die guten Wärmeeigenschaften und ihr kleines Packmaß. Normale Baumwoll T-Shirts saugen den Schweiß auf und geben ihn nicht wie die Polartec-Unterwäsche nach außen weiter. Auch trocknen sie wesentlich langsamer.

Rucksack

Schon alleine um die ganze Kleidung zu verstauen, brauchen Sie einen gescheiten Rucksack, der vom Packvolumen den Anforderungen genügt. Geschickt wäre es, auch ein Daypack dabei zu haben, das Sie für kleinere Wanderungen oder für die Aufenthalte in den Städten verwenden können.

Da es keinen "wasserdichten" Rucksack gibt, muß ein Rucksack-Regenüberzug mit ins Gepäck. Für den Schlafsack und einige Kleidungsstücke lohnt es sich, wasserdichte Rollsäcke (z.B. von Ortlieb oder Jack Wolfskin) mitzunehmen.

Zelt

Da es in der Hauptsaison vorkommen kann, daß die *Refugios* entlang des *Circuito* überfüllt sind, sollten Sie ein Zelt dabeihaben. Beim Kauf sollten Sie auf gute Befestigungslaschen achten, denn der patagonische Wind ist heftig. Ich habe einige Zelte davonfliegen sehen, weil die Laschen dem Wind nicht standhielten. Das Mitführen von extra Spannseilen ist ebenfalls nicht verkehrt.

Meine Erfahrungen haben gezeigt, daß Hilleberg-Zelte für extremere Wetterbedingungen sehr gut geeignet sind. Für Soloreisende hat die Firma ein ultraleichtes Einmannzelt (das "Akto" mit 1,3 kg Gewicht) in hervorragender Qualität im Programm.

Schlafsack und Isomatte

Daune oder Kunstfaser, das ist hier die Frage! Daune ist leichter als Kunstfaser und wesentlich kleiner zu verpacken. Kunstfaser, von der es -zig verschiedene Arten gibt, hat den entscheidenden Vorteil, daß, wenn der Schlafsack feucht werden sollte, sie schneller als Daune trocknet. Auch ist ihre Haltbarkeit um einiges höher, verliert ein Daunenschlafsack doch mit der Zeit mehr und mehr Daune und Federn und somit seine wärmende Wirkung. Nur leider ist das Packmaß der Kunstfaser-Schlafsäcke größer als das der federgefüllten Variante. Preislich sind die Kunstfaser gefüllten "Säcke" bei gleichem Komfort-Temperaturbereich günstiger.

Um den Schlafsack bei längeren Touren von innen sauber zu halten, ist ein Schlafsack-Inlett zu empfehlen. Die leichteste, jedoch nicht preisgünstigste Variante ist das Seiden-Inlett. Es wiegt maximal 200 g, ist sehr klein zusammenzurollen und bietet ein feines Schlafgefühl.

Als Schlafsackunterlage ist eine Isomatte unerläßlich. Sehr gut, aber auch nicht gerade günstig, sind die Ultralight-Matten von Thermarest, die robust und wasserdicht sind. Für diese selbstaufblasbaren Matten sollten Sie nicht vergessen, ein Reparaturset mitzunehmen, denn die stachelige Vegetation im Nationalpark hat schon so manchem Schlafvergnügen die Luft genommen.

Kocher

Die Mitnahme eines Kochers ist eigentlich auch ein Muß, auch wenn es möglich ist, sich je nach Zusammenstellung der Etappen fast jeden Abend ein warmes Essen in den Refugios zu bestellen. Ob Sie einen Benzin-, Gas-, Petroleum- oder Spirituskocher auswählen, ist Geschmacksache.

Benzinkocher haben einen sehr guten Heizwert und den Vorteil, daß es Benzin an jeder Tankstelle zu kaufen gibt. Petroleum hat ebenfalls einen guten Brennzwert. Die Kocher müssen aber, da der Brennstoff schwer entflammbar ist, erst mit Spiritus oder Esbit vorgeheizt werden. Spirituskocher, wie der berühmte Trangia, sind einfach und sauber in der Handhabung, haben allerdings einen geringeren Heizwert.

Proviant

Die teuerste Proviantversorgung finden Sie im Nationalpark, danach folgt der Einkauf in Puerto Natales, günstiger wird es in Punta Arenas und in Santiago.

Sehr günstig und auch sehr platzsparend sind die speziellen Outdoor-Mahlzeiten, z.B. die auf vielen Expeditionen erprobten Trekking-Mahlzeiten der Firma Schultheiss sowie das Pemmikan der Firma Cathay. Dieses "Astronautenfutter" können Sie nicht in Chile kaufen, sondern müssen es aus der Heimat mitbringen. Die Zubereitung geht schnell, und ihre Zusammensetzung ist auf den Bedarf aktiver Menschen abgestimmt. Kochutensilien, z.B. Besteck, Dosenöffner und dergleichen nicht vergessen.

Wichtige Accessoires

In den Rucksack müssen auch Handschuhe und eine wärmende Mütze, denn bei niedrigen Temperaturen beginnt der Körper als erstes an den Extremitäten Energie zu sparen, d.h., Hände, Füße und der Kopf werden zuerst kalt. Auch Handschuhe gibt es in den hervorragend wärmenden und schnell trocknenden Microfaser-Materialien.

Bei Sonnenschein sollten Sie sich gut gegen die Strahlen schützen, denn das Ozonloch reicht von der Antarktis weit über die Grenzen des Torres del Paine Nationalparks hinaus in Richtung Norden. Lichtschutzfaktor 25 ist da ein absolutes Muß. Genauso sollte eine Sonnenbrille mit guten UV-undurchlässigen Gläsern nicht fehlen.

📖 Wildniswandern - Planen, Ausrüsten, Durchführen, OutdoorHandbuch Basiswissen für Draußen (Band 7), Reinhard Kummer, 92 Seiten, 13 Illustrationen. ISBN 3-89392-108-7, DM 12,80/öS 93/sfr 12,80/ 6,80

Automobilclub

Wer Mitglied im ADAC, ÖAMTC oder TCS ist, bekommt beim Automovíl Club de Chile 15% Rabatt auf das gemietete Auto. Ihre heimische Mitgliedschaft hat auch in Chile Gültigkeit und garantiert Ihnen Pannenhilfe, juristische Hilfe bei Unfällen, Reiseberatung etc. Büros des chilenischen Automobilclubs befinden sich in 22 Städten des Landes.

♦ ACC, Avenida Vitacura 8620, Santiago,
☎ 2-2119208, FAX 2-2125702 (Zentrale).

In Chile ein Auto zu mieten ist eine kostspielige Angelegenheit, wobei es regional sehr große Preisunterschiede gibt. So kostet ein Kleinwagen in Arica (Nordchile) etwa $10.000 pro Tag. In Punta Arenas oder Puerto Natales zahlen Sie für die gleiche Größe bis zu $ 35.000.

Die meisten Autovermieter bieten freie Kilometer an, d.h. Sie können soviel fahren wie Sie wollen, ohne einen Peso mehr zu bezahlen.

Die großen, internationalen Autovermietungen sind oft teurer als die kleinen regionalen Anbieter.

Diplomatische Vertretungen

... in (D)

- Konsulat und Botschaft von Chile, Kronprinzenstraße 20, 53173 Bonn, ☎ 0228/955840, FAX 0228/9558440 (bis ca. März 2000).
- Generalkonsulat, Leipziger Str. 63, 10117 Berlin (bis März 2000). Konsulat und Botschaft ab ca. April 2000: 10117 Berlin, Mohrenstr. 42.
- Generalkonsulate in Hamburg, Frankfurt und München; Honorarkonsulate in Bremen, Kiel und Stuttgart.

... in (A)

- Botschaft und Generalkonsulat von Chile, Lugeck 1/3/10, 1010 Wien, ☎ 0222/51292080, ☎ 51233700, ☎ + FAX 5129208.
- Honorarkonsulat, Bahnhofstr. 26/5, 9020 Klagenfurt, ☎ + FAX 0463/512317.
- Honorarkonsulat, Kaplanhofstr. 3, 4020 Linz, ☎ 0732/781441, FAX 783841.
- Honorarkonsulat, Brengasse 11, 5020 Salzburg, ☎ 0662/4309480, FAX 43094815.

... in (CH)

- Botschaft und Generalkonsulat von Chile, Eigerplatz 5; 12. Etage, 3007 Bern, ☎ 031/3710745, FAX 031/372005.

Botschaften in Chile

(D) Deutsche Botschaft, Calle Agustinas 785, 7. Etage, Santiago, ☎ 2/6335031-35, FAX 2/6336119

Es gibt 7 Honorarkonsulate und 25 Deutsche Schulen, zehn Deutsch-Chilenische Kulturinstitute, acht Deutsche Vereine, einen Deutschen Krankenhausverein, deutsche Feuerwehrkompanien, deutsche Burschenschaften, deutsche Frauen- und Sportvereine, beispielsweise in Punta Arenas:

- Deutsche Schule, *Colegio Alemán de Punta Arenas*, Pasaje Körner 1046, Punta Arenas, ☏ 061/241082.
- Deutscher Verein, *Club Alemán*, Calle José Davet 01050, ☏ 061/241082.

Ⓐ Botschaft von Österreich, Barros Errazuriz 1968, 3. Etage, Providencia, Correo 9, Santiago, ☏ 2/2234281 + ☏ 2234774, FAX 2/2049382.

(CH) Botschaft der Schweiz, Avenida Providencia 2653, Oficina 1602, Santiago, ☏ 2/2322693 + ☏ 2315341, FAX 2/2321872.

Einkaufen

Im Gegensatz zu den meisten südamerikanischen Ländern ist Chile für Mitteleuropäer nicht sehr preiswert. Kleidung oder auch Elektrogeräte erreichen mitteleuropäisches Preisniveau. Die im Lande produzierten Nahrungsmittel sind allerdings günstiger. Besonders die breite Palette an Obst, Gemüse, Fleisch und Fisch ist günstig.

Die großen Supermärkte haben durchgehend von 9:00 bis 22:00, einige sogar bis 23:00 geöffnet. Am Wochenende sind die Öffnungszeiten etwas kürzer. Die kleinen *Almacen* oder *Botillerías* sind zwar etwas teurer als ihre große Konkurrenz, bieten dafür eine persönlichere Atmosphäre und sind in allen Stadtteilen vertreten.

Generell kann man aber sagen, daß die Lebenshaltungskosten in Chile niedriger als in Deutschland, Österreich und der Schweiz sind.

Sich im Torres del Paine Nationalpark zu verpflegen, ist zwar in einigen Refugios möglich (siehe unter Unterkünfte im Torres Park), das Warenangebot ist allerdings sehr klein, die Preise dafür oho. Darum sollten Sie sich in Puerto Natales oder Punta Arenas gut mit Lebensmitteln eindecken.

In Punta Arenas (und Iquique) können Sie einigermaßen preiswert in der Zona franca - einer Freihandelszone - einkaufen. Sie liegt in der Avenida Bulnes, etwas außerhalb der Stadt. Es werden auch europäische Produkte angeboten, wie Schweizer Schokolade, italienische Pasta oder Nutella.

✱ Die Mehrwertsteuer beträgt in Chile 18%.

☺ Ein besonderes Souvenir, das Sie aus Chile mitnehmen sollten, ist Schmuck aus **Lapislazuli**, einem blauen Halbedelstein, der nur in Chile und Afghanistan zu finden ist. In Verbindung mit Silber oder Gold sieht er wunderschön aus.

Elektrizität

Wechselspannung mit 220 V, 50 Hz, also wie in Deutschland. Chilenische Steckdosen haben drei Eingänge, der mittlere ist für die Erdung. Prinzipiell können daher unsere Elektrogeräte verwendet werden. Für Schutzkontaktstecker ist aber ein Adapter notwendig, der in Chile problemlos zu kaufen ist.

Entfernungen

Die kleine Entfernungstabelle auf der gegenüberliegenden Seite zeigt, wie groß die einzelnen Distanzen im längsten Land der Erde sind. Angaben in Kilometern auf dem Landweg.

Ermäßigungen

Mit einem Studentenausweis erhalten Sie in den Überlandbussen bis zu 50% Ermäßigung - auch beim Besuch im Theater oder Kino ruhig den Studentenausweis vorzeigen.

Essen und Trinken

Chile ist ein absolutes Fisch- und Meeresfrüchteparadies. Der Pazifik, mit dem vor der Küste vorbeiziehenden Humboldt-Strom, dessen kaltes Wasser aus der Antarktis kommt, ist sehr nährstoffreich.

Fast jede Hafenstadt hat eine Markthalle (*mercado*), in der es kleine Restaurants gibt, die herrlich frische Fisch- und Meeresfrüchtegerichte anbieten. Leider können aber Punta Arenas und Puerto Natales nicht mit dieser Einrichtung aufwarten.

Snacks für Zwischendurch sind *Empanadas*, dreieckige Teigtaschen mit einer Fleischfüllung. Es gibt sie aber auch mit Meeresfrüchten (*mariscos*), Geflügel (*ave*) und Käse (*queso*) gefüllt. Ein anderes, bei den Chilenen beliebtes warmes Gericht, ist die Gemüsesuppe *calzuela*. Sie wird entweder mit Hühner-, Rind- oder Schweinefleisch sowie mit Maiskolben und Kartoffeln zubereitet.

Die Bohnensuppe *porotos granados* oder *humitas*, ein in Maisblätter gehüllter Maisbrei, sind bei den Chilenen beliebte Gerichte.

Weitere sehr beliebte Snacks sind: *barros jarpa*, ein Sandwich mit Käse, Schinken, Avocado-Mus (*palta*) und natürlich je nach Belieben Ketchup, Majo und Senf. Das Ganze mit den Zutaten Rindfleisch, Tomate und Käse trägt den Namen *barros luco*.

Entfernungen in Chile

	Antofagasta	Arica	Iquique	La Serena	Santiago	Temuco	Pto Montt	Pto Natales	Punta Arenas
Antofagasta	---	701	492	887	1.361	2.038	2.377	4.464	4.451
Arica	701	---	316	1.58	2.062	2.739	3.078	5.165	5.152
Iquique	492	316	---	1.377	1.853	2.530	2.869	4.956	4.943
La Serena	887	1.588	1.377	---	474	1.151	1.490	3.577	3.564
Santiago	1.361	2.062	1.853	474	---	677	1.016	3.103	3.090
Temuco	2.038	2.739	2.530	1.151	677	---	339	2.424	2.413
Puerto Montt	2.377	3.078	2.869	1.490	1.016	339	---	2.299	2.286
Puerto Natales	4.464	5.165	4.956	3.577	3.103	2.424	2.299	---	254
Punta Arenas	4.451	5.152	4.943	3.564	3.090	2.413	2.286	254	---

Ein *Completos* ist das, was bei uns unter dem Namen Hot Dog angeboten wird, allerdings wird das Brötchen mit dem palta-Mus eingeschmiert.

Auf den Restaurant-Tischen stehen immer zwei rote Plastikflaschen, in der einen ist Ketchup und in der anderen *ají*, eine Sauce aus der roten Chilischote. Achtung scharf!

Der Chilene vernachlässigt das Frühstück (*desayuno*), da nimmt er gerade einmal eine Tasse (löslichen) Kaffee zu sich. Das Mittagessen (*almuerzo*) ist dagegen um so ausgiebiger. Er nimmt es meist in der Zeit zwischen 13:00 und 15:00 ein. Dann werden in den Restaurants günstige Tagesgerichte (*menú del día*) serviert. Meist bestehen sie aus einer Gemüse- oder Nudelsuppe als Vorspeise, einem Stück Rindfleisch mit Reis und Salat als Hauptgericht, einem Pudding oder Eis als Nachtisch sowie Kaffee zum Schluß.

☺ Die günstigsten *almuerzos* bekommen Sie in den Markthallen. Möchten Sie zu einem Fischgericht einen Weißwein trinken, müssen Sie *té frío* (kalten Tee) bestellen. Dann serviert man Ihnen den Wein in einer Tasse, denn Alkoholausschank ist in diesen Restaurants offiziell nicht erlaubt.

Um etwa 17:00 folgt die *once*, so etwas wie die britische Tea-Time. Nur gibt es Kaffee, ein Brötchen (*pan amasado*) und als Aufstrich Schinken, Käse, sowie die beliebte Avocado-Paste. Das Abendbrot beginnt für uns Mitteleuropäer sehr spät, nämlich erst um 21:00. Und da wird auch wieder sehr ausgiebig gespeist, meist in drei Gängen.

Das Nationalgetränk Chiles ist der *pisco*, ein Traubenschnaps, der auch als Mixgetränk sehr beliebt ist, z.B. der *Pisco sour*. Exzellent in der Qualität sind auch die chilenischen Weine. Etwas südlich von Santiago befinden sich die meisten Weinanbaugebiete des Landes, die auch besichtigt werden können (natürlich mit Probeausschank).

Ferien

Die meisten Chilenen haben in den Monaten Januar und/oder Februar Ferien. Und da sie überwiegend im eigenen Land (oder in den Nachbarländern) Urlaub machen, ist es in den touristischen Regionen Chiles zu dieser Zeit sehr voll und eine Reservierung für Unterkünfte oder auch für Flug- und Bustickets sinnvoll.

Feiertage

1.1.	Neujahr / *Año nuevo*
variabel	Karfreitag / *Viernes Santo*
variabel	Ostersonnabend / *Sábado Santo*
variabel	Ostersonntag / *Pascua de Resurrección*
1.5.	Tag der Arbeit / *Día del Trabajo*
21.5.	Seeschlacht von Iquique / *Combate Naval de Iquique*
variabel	(Nationalfeiertag)
variabel	Fronleichnam / *Corpus Cristi*
29.6.	Peter und Paul / *San Pedro y San Pablo*
variabel	Mariä Himmelfahrt / *Asunción de la Virgin*
11.9.	Tag der "Nationalen Befreiung" / *Día Liberacíon Nacional*
18.9.	Tag der Unabhängigkeit / *Fiestas Patrias* (Nationalfeiertag)
19.9.	Tag der Armee / *Día del Ejército* (Nationalfeiertag)
12.10.	Tag der Entdeckung Amerikas / *Día de la Hispanidad*
1.11.	Allerheiligen / *Todos Los Santos*
8.12.	Unbefleckte Empfängnis / *Immaculada Concepción*
25.12.	einziger Weihnachtsfeiertag / *Navidad*

Diese nationalen und *kirchlichen Feiertage werden zwar in Chile begangen, doch meistens haben die großen Lebensmittelgeschäfte für ein paar Stunden am Tag geöffnet.*

Foto, Film und Video

Die Fotoausrüstung sollte sich ein bißchen nach der Größe des Rucksacks und dem zur Verfügung stehenden Platz richten. Klar ist es toll, eine Spiegelreflex-Kamera dabeizuhaben und zwei lichtstarke Zoom-Objektive, die den Brennweitenbereich von 28 bis 200 mm abdecken. Doch das Gewicht und die Größe der Teile plus der "normalen" Ausrüstung bringen fast jeden Rucksack zum Überquellen. Darum sollten Sie vielleicht besser auf eine Kompaktkamera mit Zoom-Objektiv zurückgreifen. Sie paßt dank ihres geringen Formats in jede Jackentasche und beim Trekking, wo auf jedes Gramm geachtet wird, ist das eine akzeptable Alternative. Diafilme sind in den nicht-touristischen Gebieten Chiles sehr schwer zu bekommen und um einiges teurer als bei uns. Darum Diafilme unbedingt von zu Hause mitbringen.

Frauen unterwegs

Ich habe von einigen Frauen gehört, daß sie in Chile keine einzige brenzlige Situation erlebt haben. Frauen haben, auch alleine unterwegs, in Chile nichts zu befürchten. Wenn Sie blond sind, müssen Sie damit rechnen, daß man sich nach Ihnen umdreht, da diese Haarfarbe nicht gerade verbreitet ist. Die Chilenen haben von Natur aus pechschwarzes Haar, das sich nicht kräuselt.

Geld

In Chile bezahlt man mit dem chilenischen Peso, abgekürzt mit dem altbekannten $-Zeichen. Den Peso gibt es als 1, 5, 10, 50 und 100 $-Münze sowie 500, 1.000, 5.000 und 10.000 Peso-Scheinen.

Der Wechselkurs zur DM ist seit einigen Jahren ziemlich konstant: für DM 1 erhalten Sie zwischen $ 255 und $ 285. Zum Rechnen besser: $ 1.000 entspricht etwa DM 4. Für einen Schweizer Franken bekommen Sie zwischen $ 300 und $ 320. Einen Österreichischen Schilling tauscht man zwischen $ 35 und $ 40 ein. Der Wechselkurs zum US$ bewegt sich zwischen $ 395 und $ 415.

In Santiago ist es absolut kein Problem, DM, Schilling oder Schweizer Franken umzutauschen. Außerhalb der Hauptstadt sieht das etwas anders aus, da gilt der US-Dollar als generelle Wechselwährung. Sie sollten allerdings möglichst keine Dollarscheine größer als US$ 50 mitnehmen.

Wechselstuben (*casas de cambio*) gibt es in den größeren Städten genügend (Kurse sind besser als bei den Banken). Öffnungszeiten der Banken sind generell montags bis freitags 9:00 bis 14:00. Dagegen sind die Zeiten der Wechselstuben wesentlich freundlicher, nämlich von 9:00 bis in den späten Nachmittag.

In kleineren Ortschaften finden Sie die Wechselstuben oft in Reiseagenturen integriert. In den Hotels, Autovermietungen und Tankstellen können Sie meist mit allen gängigen internationalen Kreditkarten bezahlen.

Einen Schwarzmarkt habe ich nicht erlebt, außer in Arica, ganz oben an der chilenisch-peruanischen

Grenze. Dort wurde ich mal auf der Straße gefragt, ob ich nicht Dollars eintauschen möchte. Mit in US$ ausgestellten Reiseschecks haben Sie in Chile keine Wechselprobleme. Am bekanntesten sind American Express oder Thomas Cook Travellerschecks.

Gesundheit

Spezielle **Impfungen** sind für Chile nicht notwendig. Sie sollten aber vor Reisebeginn in einem Tropeninstitut bestimmte Impfungen auffrischen lassen, wie z.B. Hepatitis, Typhus oder Tetanus.

Eine "normale" **Reiseapotheke** mit Mittelchen gegen Durchfall und Pflaster für die Blasen an den Füßen ist ausreichend. Medikamente jeglicher Art, oftmals europäische Fabrikate, können Sie in den Apotheken Chiles problemlos kaufen.

Das **Leitungswasser** in den großen Städten sollten Sie vor dem Genuß abkochen, denn die Bakterienkultur im Wasser unterscheidet sich von der unsrigen. Darauf reagiert der Körper schnell mit Durchfall, der sich jedoch meist nach wenigen Tagen wieder legt.

Die **Höhenkrankheit** trägt in Chile den Namen *soroche*. Da bei den meisten Besuchern des Parks nicht das Erklimmen eines der *Torres* das Ziel ist, dürfte diese Krankheit eigentlich nicht zum Problem werden.

Haben Sie allerdings vor, ins **Altiplano** zu fahren, sollten Sie folgende Verhaltensregeln beachten: Der Aufstieg auf über 4.000 m immer in mehreren Etappen mit mindestens einer Regenerationsübernachtung auf 2.500 bis 3.000 m planen. Ihr Körper braucht seine Zeit, um sich an die sauerstoffarme Luft zu gewöhnen. Menschen, die diese Vorgehensweise nicht beachtet haben, litten unter heftigen Kopfschmerzen und Herzrasen. Einige sind gar in ein Koma gefallen, aus dem sie nicht mehr aufwachten.

Informationen

Chile hat keine Fremdenverkehrsbüros in Deutschland, Österreich oder der Schweiz. Die besten Informationen erhalten Sie ...

... in Deutschland

- Prochile, Geschäftsbüro Hamburg, Kleine Reichenstraße 1, IV. Etage, 20457 Hamburg, ☏ 040/335835 + ☏ 335813, FAX 040/326957. Hier bekommen Sie die aktuellsten touristischen Informationen über das Land. (Bitte frankierten Rückumschlag beilegen)
- Prochile, Generalkonsulat von Chile, Wirtschaftsabteilung/Prochile, Kronprinzenstraße 20, 53173 Bonn, ☏ 0228/358637, FAX 0228/356207.

... in Chile

- Sernatur, Providencia 1550, Santiago, ☏ 2/2361416 (Servivio nacional de turismo, Zentrale der Touristenbehörde).
- Sernatur In der XII. Region (Regíon de Magallanes y Antártica): Punta Arenas, Waldo Seguel 689, ☏ + FAX 61/241330.
- Sernatur in Puerto Natales, Eberhard 445, ☏ 61/412165.
- Informationen über den Parque Nacional Torres del Paine und die anderen Parks des Landes gibt es in der Conaf-Zentrale (Corporación nacional forestal, Nationale Forstbehörde) in Santiago, Avenida Presidente Bulnes 285, ☏ 2/6991257, FAX 2/6971831.
- Conaf in Punta Arenas, José Menéndez 1147, ☏ 61/223841.
- ...und natürlich bei den Rangern im Park, Verwaltung ☏ 61/692931.

Karten

Karten über den Torres del Paine Nationalpark gibt es in Puerto Natales bei den meisten Reiseagenturen zu kaufen.

✱ Die offizielle Torres del Paine Karte ist bei Garay/Guineo unter dem Titel *Mapa Oficial Parque Nacional Torres del Paine* (1:100.000, mit 100er-Höhenlinien) erschienen und kostet zwischen $ 2.500 und $ 3.000. Einige Infos sind auch in Englisch.

✱ Herausgeber der meistverkauften Karte des Parks ist Juan Luis Mattassi A., Casilla 16872, Correo 9 in Santiago. Das Werk hat eine Straßenkarte im Maßstab 1:500.000 und eine Trekkingkarte mit 100er-Höhenlinien im Maßstab 1:100.000. Sie ist in spanisch und in englischer Sprache unter dem Titel *Torres del Paine Trekking Map* erschienen und kostet ebenfalls zwischen $ 2.500 und $ 3.000. Es ist die z.Z. einzige Karte, in der alle neuen Refugios eingezeichnet sind.

✱ Ansonsten finden Sie sehr gutes Kartenmaterial im *Turistel*-Reiseführer, der in Chile jedes Jahr neu erscheint. Der Führer besteht aus drei Bänden: Norden, Zentrum und Süden. Dabei reicht der Südteil natürlich aus. Er hat gute Straßenkarten, Stadtpläne der meisten Ortschaften der Region, eine Karte über den Torres del Paine Nationalpark und vom chilenischen Sektor in der Antarktis. Er erscheint allerdings nur auf Spanisch! Der Südteil alleine kostet in Santiago $ 4.800, in Punta Arenas war das günstigste $ 6.300.

✱ Auch die Karten des Militärs sind sehr gut. Sie können Sie in Santiago beim *Instituto Geográfico Militar*, in der Straße Diecioche 369 kaufen. Auch diese Karte ist im Maßstab 1.100.000 erhältlich. Sie ist die Grundlage aller erschienenen Karten über den Nationalpark. Allerdings sind auf ihr keine Unterkünfte und dergleichen eingezeichnet.

✱ Über Gesamt-Chile gibt es ebenfalls nur wenige Karten. In Mitteleuropa ist die *Gran Mapa Caminero de Chile* das einzige, was man in einem einigermaßen vernünftigen Maßstab kaufen kann (1:1,4 bis 3 Mio.). Allerdings wurde sie seit längerem nicht mehr aktualisiert.

Klima

Das "Längste Land der Welt" hat Zonen vom subtropischen bis zum subpolaren Klima: Im Norden liegt die Atacama-Wüste, die trockenste Wüste der Welt und entlang der *Carretera Austral* finden Sie feuchtgrünen Regenwald mit rekordverdächtigen Niederschlagsmengen. Im Torres del Paine Nationalpark dagegen herrscht ein transandinisches Klima, wobei in den Höhenlagen extrem eisige Temperaturen herrschen.

Die beste Reisezeit

Wegen dieser unterschiedlichsten Klimazonen gibt es auch unterschiedliche Reisezeiten: Der kalte Süden hat dabei den kürzesten Sommer, er liegt zwischen Ende Dezember und Mitte/Ende Februar. Niederschläge in Form von Schnee kommen selbst in dieser Zeit vor. Der Norden hingegen ist das ganze Jahr angenehm temperiert, und es regnet so gut wie nie.

Medizinische Versorgung

In Chile gibt es mit die beste medizinische Versorgung in ganz Südamerika. So gibt es in jeder Provinzhauptstadt mindestens ein städtisches Krankenhaus, eine Uni- oder Privatklinik mit Unfallstation (*Posta de Urgencia*). Die Notfalltelefonnummern finden Sie auf den ersten Seiten der Telefonbücher.

Medizinische Versorgung im Torres del Paine Nationalpark ist dahingehend gegeben, daß in den acht Parksektoren jeweils eine Conaf-Hütte steht, in der mindestens ein Ranger arbeitet. Sie sind auch für Notfälle und Erste Hilfe geschult, genauso wie die Mitarbeiter in den Refugios. Alle fünf Eingänge sowie die einzelnen Hosterías und Refugios stehen miteinander im ständigen Funkkontakt. Von der Administration aus besteht Kontakt mit Puerto Natales und von dort mit Punta Arenas usw..

Zwischen 1980 und 1998 sind im Torres del Paine Nationalpark 22 Menschen verunglückt. In der Zeit von Januar bis März 1998 waren es alleine vier Personen.

Notrufe

Krankenwagen	*ambulancia*	☎ 131	Vermittlung national	☎ 108
Feuerwehr	*bomberos*	☎ 132	Vermittlung internat.	☎ 182
Polizei	*carabineros*	☎ 133	Auskunft national	☎ 103
Kriminalpolizei	*investigaciónes*	☎ 134	Auskunft internat.	☎ 183

Papiere

Touristen aus Deutschland, Österreich und der Schweiz, die sich nicht länger als 90 Tage in Chile aufhalten wollen, benötigen kein Visum. Zur Einreise genügt ein Reisepaß, der mindestens sechs Monate gültig ist. Die 90tägige Aufenthaltsdauer kann einmal um 30 Tage verlängert werden.

Die Verlängerung der sog. *Tarjeta de Turismo* (Touristenkarte) muß 30 Tage vor Ablauf der Aufenthaltsgenehmigung in der Ausländerbehörde (*Departamento de Extranjería*) in Santiago, Moneda 1342, ☎ 2/6725320 oder der jeweiligen Provinzverwaltung beantragt werden.

Mitzubringen sind der gültige Reisepaß, die bis dahin ausgehändigte Touristenkarte, zwei aktuelle, farbige Paßfotos mit Namen und Ausweisnummer auf der Rückseite. Ebenfalls sollten Sie das Rückflugticket zur Hand haben und zeigen können, daß Sie mindestens US$ 300 pro Monat zur Verfügung haben. Davon zieht der freundliche Beamte eine Verlängerungsgebühr ab.

☺ Das Ganze geht auch wesentlich günstiger und einfacher: Sie unternehmen einfach einen kurzer Abstecher z.B. nach Argentinien. Dies gilt als Ausreise, und wenn Sie nach kurzer Zeit wieder nach Chile einreisen, berechtigt die neu ausgestellte *Tarjeta de Turismo* zu einem erneuten dreimonatigen Aufenthalt in Chile.

Wenn Sie Ihre Touristenkarte verloren haben und ohne sie ausreisen wollen, bekommen Sie mit den Beamten am Flughafen in Santiago Ärger, das kann sogar eine heftige Geldstrafe nach sich ziehen. Die Karte kann ersetzt werden: entweder bei den *Carabineros* auf einer Polizeiwache oder in Santiago bei der *Policía Internacional*, in der Straße General Borgoño 1052.

☺ Mit einem Studentenausweis erhalten Sie Ermäßigungen bei Fahrten mit den Überlandbussen, und in einigen Theatern und Kinos gibt's ermäßigte Eintrittspreise.

Für das Mieten eines Autos in Chile benötigen Sie einen Internationalen Führerschein. Wenn Sie in einer der wenigen Jugendherbergen nächtigen möchten, brauchen Sie einen gültigen Jugendherbergsausweis, den Sie sich entweder zu Hause ausstellen lassen oder für $ 6.000 in einer chilenischen Herberge beantragen (Paßbilder nicht vergessen).

Post und Telekommunikation

* Internationale Gespräche von Deutschland, Schweiz und Österreich nach Chile: 0056 + Ortskennzahl + Nummer des Teilnehmers.
* Von Chile nach Europa: Deutschland 0049, Österreich 0043, Schweiz 0041, danach die Ortskennzahl (ohne null) und dann die Teilnehmernummer.
* Die nationale Vorwahlnummer für die Städte Punta Arenas und Puerto Natales ist 61, für Santiago ist es 2.

* Am einfachsten ist das Telefonieren von den *Centros de Llamadas* - den Telefonzentren der z.Z. acht Telefongesellschaften - aus. Sie teilen die gewünschte Telefonnummer am Schalter mit, dort wählt man für Sie und weist Ihnen eine Kabine zu, von wo aus Sie telefonieren können.
* Briefe an die Daheimgebliebenen sollten Sie nicht in Briefkästen stecken, sondern direkt bei den Postämtern abgeben. Das garantiert eine sichere und schnellere Zustellung. In der Regel dauert ein Brief nach Deutschland, in die Schweiz oder nach Österreich zwischen vier und acht Tagen. Die chilenische Post ist sehr zuverlässig. Ein Brief nach Europa kostet 300 Pesos.

Unterkunft

* Die einfachsten Unterkünfte sind die *Residencials*, die zwischen $ 3.000 und $ 5.000 kosten (DM 12-18). Das Frühstück ist in den Residencials in Puerto Natales meist inklusive, was nicht landesüblich ist. In der Residencial-Preisklasse liegen auch die Jugendherbergen (*albergue juvenil*), von denen es aber nur wenige gibt.

♦ Asociación Chilena de Albergues Turísticos Juveniles, Av. Providencia 2594, Oficina 420, ☏ 2-2332555 (aktuelle Infos über die Jugendherbergen).

* Die Gruppe der einfacheren Hotels heißen *hostal* mit ein bis zwei Sternen. Der Preis ist ungefähr viermal so hoch wie die *Residencials*, d.h. von $ 12.000 bis $ 24.000 (DM 45 bis 90).
* *Hosterías* (Landhotel mit Gasthof) liegen im Preisniveau $ 25.000 bis $ 40.000 (DM 95 bis 150). Die Restaurants haben oft eine wirklich sehr urige Atmosphäre.
* Die Drei- bis Fünf-Sterne Hotels (*hotel*) finden Sie meist in den größeren Städten oder in der Nähe touristischer Attraktionen. Sie sind international ausgerichtet und bieten einen guten Standard. Die Preise liegen von $ 35.000 bis ... , die Preisskala ist nach oben offen.
* Das Zelten auf Campingplätzen ist je nach Serviceausstattung unterschiedlich teuer. Der mittlere Standard liegt bei $ 5.000.

Zeit

Auf seiner gesamten Länge liegt Chile in einer Zeitzone, was das Ausrechnen der Zeitdifferenz zu allen anderen Ländern erleichtert. Der Unterschied zur MEZ variiert mit den Jahreszeiten, die zu denen auf der Nordhalbkugel entgegengesetzt liegen.

So ist vom 2. Samstag im Oktober bis Ende März der Unterschied minus vier Stunden zu Mitteleuropa, d.h. ist es bei uns 12:00, ist es in Chile erst 8:00.

Vom 2. Samstag im April bis Ende September beträgt der Unterschied sechs Stunden. Zwischen den Zeitumstellungen auf die Sommerzeit in Europa und Chile (Ende September bis 2. Oktober-Samstag und Ende März bis 2. April-Samstag) beträgt der Zeitunterschied fünf Stunden.

Zoll

Ein absolutes Einfuhrverbot besteht für frische Nahrungsmittel wie Obst, Gemüse und Milchprodukte sowie Pflanzen. Waffen und Drogen stehen ebenfalls auf der roten Einfuhrliste.

Alle Gegenstände, die für den persönlichen Bedarf bestimmt sind, können zollfrei eingeführt werden. Fotoapparate, Ferngläser, Sportgeräte usw. müssen Gebrauchsspuren aufweisen und dürfen nicht in Chile verkauft werden.

Weiter sind zollfrei: Pro Erwachsenem 500 Zigaretten, 50 Zigarren oder 500 g Pfeifentabak. An alkoholischen Getränken dürfen 2,5 Liter mitgebracht werden. Arzneimittel nur in Kleinverkaufspackungen mit einem maximalen Wert von US$ 100. Die Einfuhr von Parfum ist in einer "angemessenen Menge" erlaubt.

Alkohol und Zigaretten können Sie in Chile meist günstiger kaufen, so daß das Mitbringen nicht lohnt. Bei Parfum sieht das anders aus, das ist in Chile teuer.

Devisen dürfen unbegrenzt ein- und ausgeführt werden.

Haben Sie im persönlichen Gepäck Neuwaren, deren Wert US$ 500 übersteigt, müssen Sie sie verzollen.

Santiago de Chile

Orientierungshilfe

Nach der Ankunft auf dem internationalen Flughafen von Santiago (Comodoro Arturo Merino Benítez) können Sie entweder umsteigen und sofort in den Süden nach Punta Arenas weiterfliegen, oder Sie fahren erst einmal mit dem Bus oder einem Taxi ins 25 km entfernte Zentrum von Santiago.

Adressen von Unterkünften können Sie auf dem Flughafen im Sernatur-Büro bekommen.

Die Flughafenbusse von Buses Centropuerto haben ihre Endstation an der Metro Station *Los Heroes*. Die Straße ist die Avenida Libertador Bernardo O'Higgins, im Volksmund Alameda genannt. Das steht auch auf den Routenschildern der Stadtbusse. Der Busfahrer stoppt gerne an Ihrer Unterkunft, wenn sie vor der Endstation liegt.

Die Busse von Aerobuses Tour Express haben ihr Büro in der Moneda 1529, wo auch Endstation ist.

Gleich gegenüber liegt das Hotel Di Maurier (Moneda 1510, ☎ 2/6957750), so daß Sie ihr Gepäck nicht sehr weit tragen müssen. Die Lage ist wunderbar zentral.

Eine Unterkunft, die ich Ihnen besonders ans Herz legen möchte, ist die *Residencial Alemana* in der Avenida Republica 220, ☎ 2/6712388. Sie liegt im Uni-Viertel, zwischen dem Zentrum und dem Bahnhof Estacion Central. Es ist ein schönes Haus, in dem die Zimmerpreise je nach Komfort bei $ 5.500 (inklusive Frühstück) beginnen.

☺ Die Wäscherei (*Lavanderia*) Ecchaurren in der gleichnamigen Straße Nummer 164, eine gute Bäckerei sowie kleine Bistros (und ein McDonald's) befinden sich rund um die Avenida Republica sowie weitere Residencials.

Die Jugendherberge Santiagos (a*lbergue juvenil*) befindet sich in der Cienfuego 151, ☎ 2/6718532 (Übernachtung mit Frühstück $ 4.500).

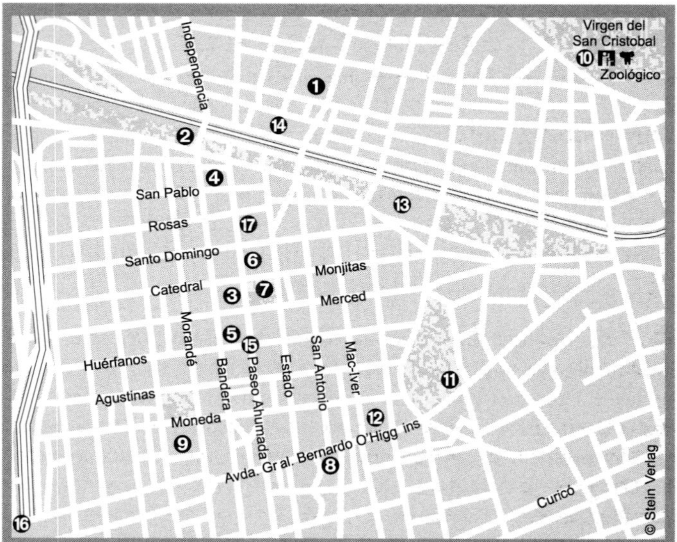

Santiago

❶ Recoleta Franciscana
❷ Centro Cultural Estación Mapocho
❸ Catedral de Santiago
❹ Mercado Central
❺ Museo de Arte Precolombino
❻ Correos - Post
❼ Plaza de Armas
❽ Iglesia de San Francisco
❾ La Moneda, Palacio de Gobierno
❿ Cerro San Cristóbal
⓫ Cerro Santa Lucía
⓬ Biblioteca Nacional
⓭ Palacio de Bellas Artes
⓮ Markthallen
⓯ Sernatur-Kiosk
⓰ Haltestelle der Flughafenbusse
⓱ Mall del Centro - Einkaufszentrum

🛈 Sernatur, die Touristenbehörde Chiles, hat ihre Zentrale in Santiago in der Providencia 1550, ☏ 2/2361416 (Metro-Station M. Montt). Dort erhalten Sie Infos über die zwölf Regionen des Landes. Allerdings gibt es mindestens in jeder Regionshauptstadt ein *Sernatur*-Regionalbüro, das über die Region umfangreichere Informationsschriften hat.

Essen und Trinken

☺ Speisekartenhinweise ☞ Fremdsprech.

✱ Die wichtigste Eß-Adresse ist die der Markthalle (*Mercado central*). Sie befindet sich in der San Pablo 973. Das Gebäude, das 1872 um eine englische Eisenkonstruktion herum gebaut wurde, beherbergt eine Unzahl von kleinen Fischrestaurants, die alle nur erdenklichen Meeresfrüchte-Gerichte anbieten. Das ganze Szenario in der Halle, das Werben der Kellner um die Gäste, die Gerüche, die ganze Atmosphäre, das müssen Sie einfach in aller Ruhe auf sich wirken lassen.

✱ Auf der anderen Seite des Río Mapocho, der nahe der Markthalle durch die Stadt fließt, liegt eine *Ferreteria*, ein Marktplatz, der riesengroß ist. Er trägt den Namen *Remodelacion Monumental Vega Central de Santiago*. Dort können Sie alles kaufen, was in Chile über und unter der Erde wächst oder auf ihr herumläuft. Und es gibt mittendrin kleine Restaurants, die etwas einfacher und günstiger sind als die in der Markthalle. Dem Geschmack oder der Größe der Portionen ist es nicht anzumerken.

✱ Etwas amerikanischeres Essen wird in der *Mall del Centro* (in der Rosas), einer neuen Einkaufs-"Mall" im Zentrum Santiagos, dargereicht. Die obere, dritte Etage ist eine Eßetage mit allem möglichen Fast-Food-Ketten-Futter, auch vegetarisches Essen wird angeboten.

✱ Wenn Sie lieber stilvoller speisen möchten, dann sollten Sie in den Stadtteil *Bellavista* gehen. Unterhalb des Berges *San Cristobal* reiht sich ein Restaurant an das andere.

Sehenswürdigkeiten

Um eine Übersicht über die Sehenswürdigkeiten der Stadt zu bekommen, sollten Sie sich bei *Sernatur* einen Prospekt mit dem Titel "City walks in

Santiago" holen. In ihm hat die Touristenbehörde insgesamt 17 *City walks* in englischer Sprache zusammengestellt. Zehn Touren beschäftigen sich alleine mit dem Zentrum und der näheren Umgebung. Im *Sernatur*-Kiosk in der *Paseo Ahumada,* in der Fußgängerzone, wird die Broschüre ebenfalls kostenlos verteilt. Nur der Stadtplan kostet etwas.

Weiterreise

Von Santiago nach Punta Arenas, der Hauptstadt der XII. Region Chiles, sind es 3.090 km. Diese riesige Entfernung kann mit dem Flugzeug, mit dem Bus, oder einer Kombination aus Zug und Bus oder Bus und Schiff (nach Puerto Natales) überwunden werden.

✈ Mehrmals täglich verkehren Maschinen der vier chilenischen Fluggesellschaften nach Punta Arenas, der südlichsten Stadt des amerikanischen Kontinents. Die Flugzeuge benötigen für die Strecke zwischen 3½ und 4 Std. Das Flugticket kostet zwischen $ 60.000 und $ 85.000 (einfach).

- LanChile, Agustinas 640, ☎ 6394411 sowie in der Pedro de Valdivia 0139, ☎ 6872700; Reservierungstelefon: 6872525.
- Ladeco, Huérfanos 1157, ☎ 6395053, sowie in der Pedro de Valdivia 0210, ☎ 6613980; Reservierungen ☎ 6613000.
- AVANT, Pedro de Valdivia 041, ☎ 2525300 + ☎ 2343458.
- ALTA, Avenida El Bosque Norte 181, ☎ 2460800.

🚌 Die gesamte Strecke mit dem Bus zurückzulegen, dauert fast 60 Stunden und kostet je nach Buskategorie um $ 30.000. Zwei Drittel der Strecke führen dabei auf argentinischer Seite durch Patagonien. Auf chilenischer Seite stellt sich dem Straßenbau ein riesiges Eisfeld in den Weg, das *Campo de hielo sur,* das größte Eisfeld außerhalb der Polregionen. Eine der bekanntesten Traumstraßen der Welt, die *Carretera Austral,* führt bis an die Grenzen dieses Eisgebiets. Sie ist allerdings für die großen Überlandbusse nicht geeignet, deshalb biegen sie hinter Osorno nach Osten ab, um über den Portezuelo de Puyehue (1.308 m) nach Argentinien zu gelangen.

🚆 Mit der Eisenbahn können Sie von Santiago bis Temuco und von dort mit dem Bus weiter nach Puerto Natales fahren. Die Züge fahren täglich

20:00 in Santiago ab und ist am nächsten Morgen 8:00 in Temuco. Es gibt drei Wagenklassen, die günstigste ist die *Turista*. Das Ticket gibt es für $ 5.150. Die nächst höhere Preisklasse - *Salon* - kostet $ 8.750. In den Liegewagen gibt es zwei Preiskategorien, oben schlafen (*cama alta*) kostet $ 13.050, die untere Liege (*cama baja*) kostet $ 18.450. Für ein Abteil im Schlafwagen (*dormitorio*) zahlen Sie $ 40.450. Weiter geht es mit dem Bus nach **Neuquen** in **Argentinien** (über Junin de Los Andes), um von dort bis an die Atlantikküste und dann weiter Richtung Süden zu fahren.

*Damit das dauernde Sitzen in Zug und Bus nicht zu sehr aufs Sitzfleisch schlägt, sollten Sie, wenn Sie etwas Zeit haben, unbedingt auf der argentinischen **Halbinsel Valdés**, in **Puerto Madryn** (34 Std. mit längerem Aufenthalt in Junin de Los Andes oder Neuquen), einen Stop einlegen und eine Walsafari mitmachen.*
Es ist beeindruckend, wie dicht die Wale an die Boote heranschwimmen.

An der Atlantikküste geht es gen Süden bis **Río Gallegos** (ca. 17 Std. ab Puerto Madryn), von wo aus mehrere Busgesellschaften nach **Río Turbio** (5 Std.) an die chilenisch-argentinische Grenze fahren. Das letzte Stück nach Puerto Natales (1 Std.) führt Sie über die Grenze **Paso Dorotea**.

In Argentinien gehen die Uhren gegenüber Chile um eine Stunde vor.

Die Kombination Bus/Schiff ist die wohl spannendste Art, in den Süden zu gelangen: Mit dem Bus geht es von Santiago auf der Panamericana bis nach Puerto Montt (14 Std.), von dort fahren Sie mit der Fähre der Reederei Navimag in drei Tagen durch die einmalige Fjordwelt Südchiles bis Puerto Natales. Der Bus nach Puerto Montt kostet zwischen $ 3.800 und $ 12.000, je nach Sesselqualität und Beinfreiheit. Die Schiffahrt nach Puerto Natales kostete in der Hochsaison 98/99 je nach Kabine zwischen US$ 297 und US$ 551.

Región Magallanes y Antárctica

Patagonien, Magellan-Straße, Beagle-Kanal, Feuerland, Kap Hoorn und der Nationalpark Torres del Paine sind nur einige klangvolle Namen, die jedes Abenteurerherz heftiger pochen lassen. Alle diese Sehenswürdigkeiten liegen in den Grenzen der südlichsten Provinz Chiles. Kein anderes Land ragt so dicht an die Antarktis heran wie Chiles XII. Region, die in vier Provinzen: Esperanza, Magallanes, Tierra del Fuego und Antártica eingeteilt ist.

Ohne den chilenischen Antarktissektor umfaßt die XII. Region eine Fläche von 132.033 km², auf der nur 182.000 Menschen leben. Das bedeutet eine Bevölkerungsdichte von 1,38 Einwohner pro km². Der von Chile beanspruchte Teil der Antarktis (*Territorio Chileno Antártico*) liegt zwischen dem 53. und 90. Breitengrad und hat eine Fläche von 1.250.000 km².

Die gesamte XII. Region gehört mit ihrer Fläche zu Patagonien, einem länderübergreifenden Gebiet, das auf die Nordhalbkugel projiziert, auf der gleichen geographischen Breite wie Mitteleuropa liegt. Das bedeutet jedoch nicht, daß die Klimazonen identisch sind. Mitteleuropa ist Teil einer größeren Landmasse, der Süden des südamerikanischen Kontinents ist dagegen einzige Landmasse zwischen zwei Ozeanen.

Unterhalb des 30. Breitengrades liegt der Kontinent im Bereich der Westwindzone, die sehr feuchte Luftmassen auf die Andenkordillere, die sich in Nord-Süd-Richtung ausdehnt, zutreibt. An der Westseite der Berge steigen die Luftmassen auf und kühlen sich ab. Das ergibt eine Kondensation der Feuchtigkeit, was eine Menge Niederschlag mit sich bringt. Über dem riesigen patagonischen Inlandeis geht er als Schnee nieder. Es werden Niederschlags-Spitzenwerte von bis zu 8.000 mm im Jahr erreicht, was auch weltweit "Spitze" ist.

Doch der Ostteil der Anden, die patagonische Weite Argentiniens, bleibt davon verschont, hier liegen die Niederschlagswerte bei gerade einmal 600 mm im Jahr. Die Nähe der Antarktis muß ebenfalls berücksichtigt werden.

An der Anden-Ostflanke sinken die Luftmassen wieder ab und es entsteht der sogenannte Fallwind, der Patagonien berühmt-berüchtigt gemacht hat. Im Sommer sind diese Winde besonders heftig, dann nämlich, wenn die Sonneneinstrahlungen das Festland erwärmen und über ihm die Luft wieder aufsteigt.

Die herabsinkenden Luftmassen an der Kordillere folgen der erwärmten Luft nach oben und es entstehen die starken patagonischen Winde, die über 100 km/h Geschwindigkeit erreichen können. Im Winter, wenn die Temperaturunterschiede zwischen dem Festland und dem Meer nicht so groß sind, ist die Windgeschwindigkeit um einiges geringer. Der Winter ist auch die Zeit mit den längeren Schönwetterperioden und den geringeren Niederschlagsmengen.

Wegen der zu uns entgegengesetzten Jahreszeiten ist der Winteranfang am 21. Juni mit dem kürzesten Tag, und der 21. Dezember ist der längste Tag und Sommeranfang.

Die umliegenden Meere, der Wind und die topographischen Gegebenheiten gestalten das Klima sehr unterschiedlich: einige Gegenden sind mildkalt, während andere eisiges Klima oder tundraähnliche Verhältnisse haben.

Punta Arenas, die Hauptstadt der XII. Region, an der Magellanstraße gelegen, und sein Umland haben ihre eigenen, häufig wechselnden Wetterbedingungen. Der mittlere Niederschlagswert für die Stadt liegt bei 425 mm, der als Regen im Frühling und Sommer und als Schnee im Winter fällt. Die Jahresdurchschnittstemperatur der Stadt liegt bei 6,5°. Im Sommer (Januar/Februar) gibt es immer ein paar warme Tage, an denen die Temperaturen zwischen 25° und 30° liegen.

Punta Arenas

Informationen über die Sehenswürdigkeiten im *Sernatur*-Büro, Waldo Segual 689, ☏ 225385, ☏ + FAX 241330 sowie am Informationskiosk auf dem Grünstreifen in der Avenida Colón.

Telefonvorwahl 61.

Die Forstbehörde *Conaf*, die die Nationalparks in Chile verwaltet, hat ihr Büro in der José Menéndez 1147. Es gibt dort nicht nur Infos über den Torres del Paine Nationalpark, sondern auch über die Parks Bernardo O'Higgins, Alberto de Agostini, Cabo de Hornos und Pali Aike, die ebenfalls innerhalb der Grenzen der XII. Region liegen.

LanChile, Lautaro Navarro 999/Ecke Pedro Montt, ☏ 241232, FAX 222366 (Puerto Montt, Concepción, Santiago).

- Ladeco, Lautaro Navarro 1155, ☏ 244544, FAX 241536 (Puerto Montt, Concepción, Santiago).
- Avant, Roca 924, ☏ 228312, FAX 220735 (Puerto Montt, Concepción, Santiago).
- DAP, O'Higgins 891, ☏ 223340, FAX 221693 (Puerto Williams, Río Grande/ARG, Falklandinseln/GB).

- Kaikén, Avda. Colón, ☏ 227061 (Río Grande und Ushuaia/ARG).
- Die Flughafensteuer für den Aeropuerto Internacional Carlos Ibañez del Campo beträgt z.Z. $ 3.530.

Flughafentransfer: LanChile und Avant bieten ihren Passagieren von ihren Büros aus einen Transfer für $ 1.000 zum Flughafen.

Busverbindungen: Von Punta Arenas zum Torres del Paine Nationalpark sind es 400 km. Dazwischen liegt die Stadt Puerto Natales (254 km), eigentlich der bessere Ausgangspunkt für Fahrten zum Nationalpark. In dieser Stadt gibt es eine große Anzahl an Reiseveranstaltern, die Touren in den Nationalpark anbieten und die Verbindungen in den Park sind auch wesentlich häufiger. Da die Abfahrtszeiten von Puerto Natales aus meist zwischen 8:00 und 9:00 liegen, erreichen Sie den 117 km entfernten Park bis mittags. Das ermöglicht es Ihnen, bereits am selben Tag zu einem passenden Refugio zu wandern.

Alle Busgesellschaften zusammen fahren über 10mal täglich in 3 bis 3½ Stunden von Punta Arenas nach Puerto Natales. Die Busse halten auch am Flughafen von Punta Arenas ($ 1.000). Bis Puerto Natales kostet es je nach Gesellschaft zwischen $ 2.500-$ 3.000.

- Buses Fernández, Armando Sanhueza 745, ☏ 242313, FAX 225984 (Punta Arenas-Puerto Natales).
- Bus Sur, Magallanes/Ecke Colón, ☏ 244464 oder José Menéndez 565, ☏ 241708 (Punta Arenas-Puerto Natales/$ 3.000, Coihaique/Puerto Aisén, Puerto Montt/Castro, Río Gallegos (ARG).
- Transfer Austral, Pedro Montt 966, ☏ 244475, FAX 244621 (Punta Arenas-Puerto Natales).
- Turibus, Armando Sanhueza 745, ☏ 227970 (Santiago, Ancud, Castro, Puerto Montt, Osorno).
- Buses Punta Arenas, I.C.Pinto 457, ☏ 249868 (Osorno/Puerto Montt und Ancud/Castro je $ 17.000, Santiago).
- Ventistur, José Menéndez 647, ☏ 241463 (Santiago/$ 21.800, Ancud/Castro/Osorno/Puerto Montt/$ 17.000, Concepción).
- Queilen, Armando Sanhueza 745, ☏ 242313 (Osorno/Puerto Montt/Castro).
- Buses Pacheco, Avenida Colón 900 oder Navarro 601, ☏ 242174, FAX 226916 (Río Grande/ARG/$ 12.500/US$ 33, Río Gallegos/ARG).
- Buses Tecni Austral, Lautaro Navarro 975, ☏ + FAX 222078 (Río Grande, Ushuaia/ARG).
- Buses Ghisoni, Lautaro Navarro 975, ☏ 223205, FAX 222078 (Río Gallegos/ARG, Ushuaia).
- Bus El Pingüino, Armando Sanhueza 745, ☏ 221812 (Río Gallegos/ARG).

Schiffsverbindungen - Tráfico marítimo

- Navimag, Independencia 840, ☏ 244400, FAX 242003 (Puerto Natales-Puerto Montt). Abfahrt vier- bis fünfmal pro Monat in drei Tagen; von

Puerto Natales immer donnerstags, in Puerto Montt immer montags. Je nach Kabine kostet die Fahrt zwischen US$ 256 und US$ 551.
Außerdem Büros in Puerto Natales am Terminal de Transbordadores, ☎ 61/411421, FAX 61/411642; in Santiago, Miraflores 178, 12. Etage, ☎ 2/2035180, FAX 2/2035190 und in Puerto Montt, Angelmó 2187, ☎ 65/253318, FAX 258540.

- Comapa (Terra Austral), Avda. Independencia 840, ☎ 241437, FAX 224256 oder Avda. El Bosque Norte 0440 in Santiago, ☎ 2/2035030, FAX 2/2035025 (siebentägige Fahrt durch die Magellanstraße, den Beagle-Kanal, Ushuaia und Puerto Williams).
- Transbordadora Austral Broom, Avda. Bulnes 05075, ☎ 218100 (Punta Arenas-Puerto Williams) in 31 Std. Abfahrt 3x monatlich immer mittwochs 19:00 (US$ 120-US$ 150). Weitere Verbindung: Punta Arenas-Porvenir in 2½ Std., täglich außer montags.
- Conavi Ltda. (Catamarán Campo de hielo sur), José Menéndez 918, ☎ 244506, FAX 248052. 3x wöchentlich Punta Arenas-Porvenir in 1½ Std., $ 5.000 Erwachsene, $ 2.500 Kinder. Eine Fahrt zur Pinguin-Insel Isla Magdalena kostet US$ 90, 5 Std. Des weiteren gehören Fahrten zum Glaciar de Agostini und Glaciar Marinelli zum Programm.

🛏 Backpacker's Paradise, Pinto 1.022, ☎ 222554 (Gruppenräume, Gemeinschaftsküche, guter Treffpunkt).

- Residencial Casa del Deportista, O'Higgins 1.205, ☎ 225205 (sauber, freundlich).
- Hospedaje Nena, Boliviana 366, ☎ 242411 ($ 5.000, sauber, freundlich).
- Hostal de Estrecho, José Menéndez 1.048, ☎ 241011.
- Casa de Familia, Boliviana 238; wohnen mit einer chilenischen Familie in deren Privathaus.
- Hotel Cabo de Hornos (4 Sterne, Single-Room $ 72.000), Plaza Muñoz Gamero 1.025, ☎ 242134 (von der 7. Etage prima Ausblick, tolles Frühstücksbuffet).

🍴 Lomit's, José Menéndez 722 ist der Treffpunkt von Einheimischen und Touris. Angeboten wird chilenisches Fast Food: Barros Lucas, Barros Jarpa, Churrascos, Hot Dogs usw.

- Restaurant Quijote, Lautaro Navarro 1.087 (gute Tagesmenüs).
- Restaurant Asturias, Lautaro Navarro 967 (gute, aber nicht günstige Fleischgerichte).
- Restaurant El Coral, José Menéndez 848.
- Restaurant Grill Sotito's Bar, O'Higgins 1138.

✆ Telefongesellschaften - Centros de Llamados

- CTC, José Noguiera 1.116 oder Magallanes 922.
- V.T.R, Bories 701
- Chilesat, Bories 911.

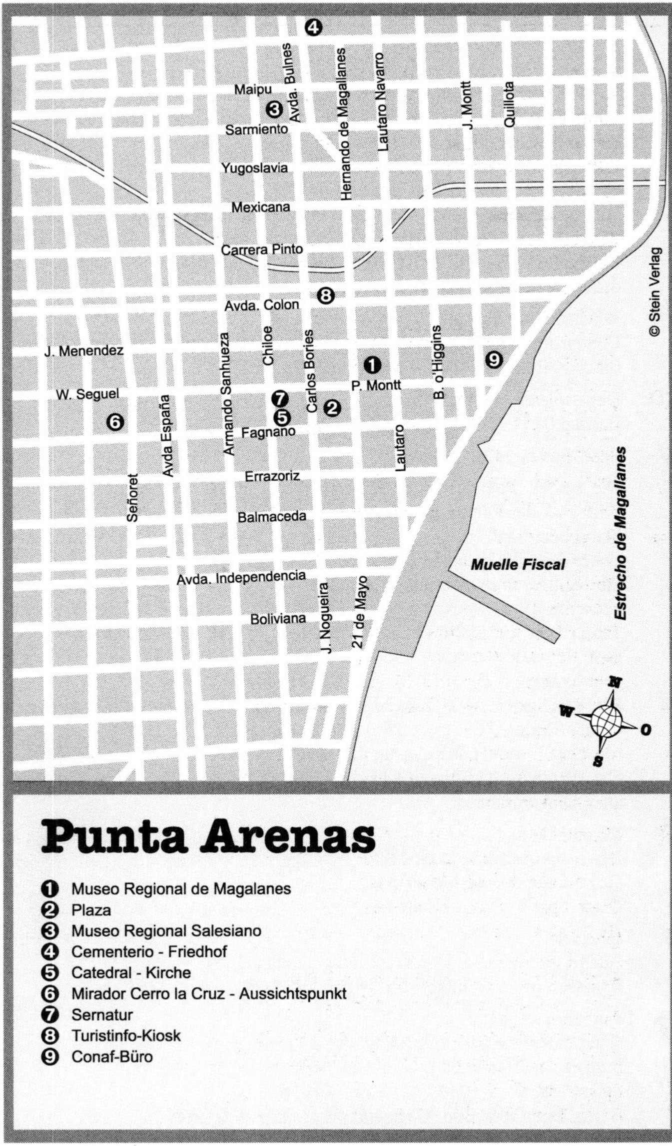

Punta Arenas

1. Museo Regional de Magalanes
2. Plaza
3. Museo Regional Salesiano
4. Cementerio - Friedhof
5. Catedral - Kirche
6. Mirador Cerro la Cruz - Aussichtspunkt
7. Sernatur
8. Turistinfo-Kiosk
9. Conaf-Büro

BANK Banken

- Banco Edwards, Plaza Muñoz Gamero 1.055 (American Express, MasterCard, Visa).
- Banco de Chile, Roca 864 (American Express, Visa).
- Citibank, Magallanes 990 (Diners).
- Banefe, Pedro Montt 849 (MasterCard, Visa).
- Banco de Santiago, Plaza Muñoz Gamero 1.073 (MasterCard, Visa).
- Banco Santander, Magallanes 997 (MasterCard, Visa).
- Chilexpress, Bories 911; hier können Sie über Western Union Geld ordern. Haben auch Internet-Möglichkeiten.

BANK Wechselstuben

Die meisten Wechselstuben finden Sie in der Lautaro Navarro im 1.000er-Block zwischen der Pedro Montt und der Roca.

CD Deutschland unterhält in Punta Arenas ein Honorarkonsulat: Avenida El Bosque 0398, ☏ 212866, FAX 216532.

Post, Bories 911.

☺ Die besten **Pommes frites** (*Salchipapas*) gibt es in der José Menéndez 782. Auf die Pommes kommen gebratene Würstchenscheiben und Zwiebeln oben drauf.

- Gutes **Eis** gibt es in der Bories 852 bei Los Tronquitos oder gegenüber (Nr. 869A), in der Confitería Barbara.
- Leckeren **Kuchen** bekommen Sie ebenfalls in der Hauptstraße, der Bories, an der Ecke zur Mejicana. In der Paneteria (blaues Eckhaus) haben sie lekkere *Berlinas, Pizcochas* und *Pastelles*. Die Schnecken für nur $ 100 sind sehr lecker.

Die günstigsten Agfa-Diafilme (CTX 100) bekommen Sie in Punta Arenas in der Bories 789 ($ 2.980). Kodak-Filme sind im Laden in der Bories/Ecke J. Menéndez günstig ($ 3.990).

Die Wäscherei (*Lavandería*) Lavasol in der O'Higgins 969 ist gut und vor allen Dingen schnell.

FUN Discotheken

- Disco Abracadabra, Bories 655.
- Disco Cuervo, José Menéndez 756.
- Disco Splash, Pedro Montt 951.

Internet

- Austro Internet, Bories 687, 2. Etage, Office 3, ☏ + FAX 229297.
- Canadian Institute-Internet, O'Higgins 694, ☏ + FAX 226333.

Autovermietungen

- América Rent a Car, José Menéndez 631, ☏ + FAX 240852.
- Budget, Libertador Bdo. O'Higgins 964, ☏ + FAX 241696.
- Emsa/Avis, Roca 1044, ☏ + FAX 241182.
- Hertz, Libertador Bdo. O'Higgins 987, ☏ + FAX 244729.

Der erste Ausländer, der die südliche Region betrat, war der portugiesische Seefahrer Fernando de Magallanes. Im Jahre 1520 entdeckte er unter spanischer Flagge fahrend, die Wasserstraße Todos los Santos (Alle Heiligen), die später nach ihm umbenannte Magellanstraße (Estrecho de Magallanes). Die südlich an die 583 km lange und zwischen 3 und 40 km breite Wasserstraße angrenzende Insel nannte er Tierra del Fuego (Feuerland), da er die Lagerfeuer der einheimischen Indianer von weitem her über das Wasser leuchten sah.

Als nächstes folgten Missionare, die die Indianer von den Stämmen der Tehuelches, der Onas, der Yaganes und der Alacalufes für ihren Glauben zu gewinnen versuchten. Sie errichteten kleine Siedlungen wie Ciudad Rey Don Felipe. Der Ort wurde später in Puerto de Hambre, was soviel wie Hungerhafen bedeutet, umgetauft, weil die ersten spanischen Siedler in einem kalten Winter verhungert waren.

Im Jahre 1843 beanspruchte der damalige chilenische Präsident Bulnes dieses Gebiet für sein Land. Um diesen Anspruch zu untermauern, ließ er auf dem südlichsten Zipfel des amerikanischen Kontinents, auf der Peninsula Brunswick, das Fuerte Bulnes (Fort Bulnes) erbauen. In einem weiteren kalten Winter starben alle Bewohner des Forts. Fünf Jahre später versuchten andere, 20 km weiter nördlich, am Punta Arenosa (Sandiger Punkt), eine neue Siedlung zu gründen. Sie hatte mehr Erfolg und wurde später in Punta Arenas umgetauft. Das Fuerte Bulnes wurde restauriert und ist heute zu besichtigen.

Punta Arenas entwickelte sich prächtig, war es doch für die Schiffahrt eine enorme Erleichterung, nicht mehr ums Kap Hoorn segeln zu müssen. Alle Schiffe, die in den Pazifik wollten, fuhren durch die Magellanstraße und gingen in Punta Arenas vor Anker. So entwickelte sich der Hafen zu einem der bedeutendsten der Welt. Daneben verhalf auch die Schafzucht der umliegenden Estanzias der Stadt zu Reichtum.

1876 bekamen die europäischen Einwanderer die Genehmigung vom chilenischen Staat, Schafe zu züchten. Land war genügend vorhanden und sie konnten es günstig erwerben. So entstanden die riesigen *Estanzias*, deren Besitzer sich repräsentative Häuser im Stadtzentrum von Punta Arenas bauen ließen.

Mit der Hafen-Einnahmequelle war es 1914 schlagartig vorbei, denn in dem Jahr wurde der Panamakanal eröffnet. Jetzt war der weite Weg rund um

Südamerika nicht mehr nötig, um nach Chile oder Kalifornien zu gelangen. Auch mit der Schafzucht ging es bergab, denn in den 20er Jahren wurde die Konkurrenz aus Australien, Neuseeland und Kanada immer mächtiger.

Mit den Ölfunden in der Magellan-Wasserstraße und auf Feuerland konnte der Niedergang der Stadt 1945 gestoppt werden: Chile kann sich heute zu 50% mit Erdöl und zu 100% mit Erdgas selbst versorgen. Heute leben knapp 130.000 Menschen in Punta Arenas, der Regionshauptstadt der XII. Region.

Sehenswertes

Wenn Sie sich für die Geschichte sowie die Flora und Fauna der XII. Region interessieren, sollten Sie zwei Museen besuchen.

⌘ Das Regionalmuseum befindet sich einen Block neben der Plaza und ist im *Palacio Mauricio Braun-Menéndez* untergebracht. Es beherbergt in einem Teil die Wohnräume der Familie Braun-Menéndez, die eine der einflußreichsten Familien der Region war. Die Wohnungseinrichtung ist im Original erhalten geblieben und es sind hauptsächlich aus Frankreich importierte Möbel zu sehen. Eine andere Abteilung dokumentiert die Geschichte der XII. Region von 1520 bis 1920.

♦ Museo Regional de Magallanes, Magallanes 949 (der Eingang befindet sich in der Navarro). Dienstags bis sonntags 🚪 11:00 bis 17:00, ☎ 244216, Eintritt: $ 800 für Erwachsene, $ 400 für Kinder.

⌘ Als Ergänzung empfiehlt sich ein Besuch im **Museo Regional Salesiano Mayorino Borgatello**. Es vermittelt einen Einblick in die Flora und Fauna der Region und es werden u.a. ausgestopfte Tiere des Torres del Paine Nationalparks gezeigt. Ich habe noch nie so viele ausgestopfte Tiere auf einmal gesehen.

Neben den Tieren werden auch interessante Dokumente der Forschungswanderungen der Missionare gezeigt. Der bekannteste von ihnen ist Padre Alberto de Agostini, der in der Region einiges erforscht und entdeckt hat. Selbst seine Wanderschuhe werden im Museum ausgestellt.

♦ Museo Regional Salesiano Mayorino Borgatello, Avenida Bulnes 374/Ecke Sarmiento de Gamboa (neben der Iglesia Santuario Auxiliadora), ☎ 241096. Dienstags bis sonntags 🚪 10:00 bis 12:00 + 15:00 bis 18:00. Eintrittgeld $ 1.000 für Erwachsene, $ 500 für Kinder.

✱ Zwei Blocks weiter stadtauswärts liegt auf der andern Straßenseite der Cementerio (Friedhof), der wegen seiner Einmaligkeit zum Nationaldenkmal erklärt wurde. In der Anlage können Sie erahnen, wie reich einige der früheren Bewohner der Region waren: Große Mausoleen und wunderschöne Alleen prägen das Szenario. Wenn Sie die Grabinschriften lesen, werden Sie sehen, wer in den Süden ausgewandert ist: Schweizer, Briten, Deutsche, Spanier, Franzosen usw.

Den ersten Bewohnern Feuerlands gedenkt man mit einer schlichten, mannshohen Bronzestatue. Die Statue El Indio desconocido (Unbekannter Indianer) ist ständig mit frischen Blumen geschmückt.

Ein paar Straßenblocks weiter stadtauswärts befindet sich die Zona franca, eine zollfreie Handelszone, in der es für chilenische Verhältnisse günstige Elektrogeräte gibt.

☺ Die meisten Sehenswürdigkeiten liegen um die Plaza Muñoz Gamero, in deren Mitte ein Denkmal zu Ehren des Seefahrers Magellan steht. Sein Blick geht über die von ihm entdeckte Wasserstraße Richtung Tierra del Fuego. Zu seinen Füßen sitzen ebenfalls in Bronze gegossen, zwei unterworfene Indianer. Der rechte Fuß des einen Indianers ist vom vielen Anfassen der Passanten ganz glänzend. Es heißt nämlich, daß der, der den Fuß berührt, immer wieder in die Region zurückkehrt. Um die Plaza herum stehen die Prachtbauten der früheren Viehbarone. Auch die Iglesia Catedral wurde an der Plaza errichtet.

Vom Mirador Cerro de la Cruz haben Sie einen schönen Ausblick über die bunten Häuser der Stadt sowie über die Magellan-Wasserstraße bis hinüber zur Tierra del Fuego.

Ausflugsziele in die Umgebung

Alle Tourenanbieter in Punta Arenas haben diese Ziele im Programm:

✱ Mit dem Schiff zur Pinguinkolonie auf die Isla Magdalena (ca. 100.000 Magellan-Pinguine).

✱ Fahrt mit dem Bus zur Pinguinkolonie Pingüinera Seno Otway (ca. 2.500 Exemplare) oder zur Fuerte Bulnes (Fort Bulnes).

✱ Es werden auch Fahrten zur Cuevo **Milodón** und in den Torres del Paine Nationalpark angeboten. Doch als Ausgangspunkt eignet sich Puerto Natales wesentlich besser.

Entfernungen von Punta Arenas nach...

Flughafen	20 km
Pingüinera Isla Magdalena	35 km
Fuerte Bulnes	60 km
Pingüineras de Seno Otway	65 km
Puerto Natales	247 km
Río Gallegos (Argentinien)	252 km
Parque Nacional Torres del Paine	400 km
Osorno (über Argentinien)	2.272 km
Santiago (über Argentinien)	3.272 km

✱ Die Fahrt Punta Arenas nach Puerto Natales dauert 3-3½ Std. und kostet zwischen $ 2.500 und $ 3.000. Sie führt zunächst an der Magellanstraße entlang Richtung Nordosten, um dann in die patagonische Weite einzutauchen. Mit etwas Glück können Sie auf der Fahrt einiges an typischer Tierwelt sehen: Nandus, Flamingos, Schwarzhalsschwäne usw.

Puerto Natales

Über 70 Hotels, Hostals, Hospedajes und Residencials stehen zur Verfügung, für jeden Geldbeutel ist etwas dabei. Alle genannten Preise sind Hochsaison-Preise (1.11. bis 31.3.), Nebensaison-Preise liegen bis zu 50% niedriger.

- Casa Cecilia, Tomás Rogers 60, ☏ 411797 (deutschsprachig, $ 4.000 bis $ 6.500 je nach Komfort. Trekking-Equipment-Vermietung).
- Hospedaje Los Inmigrantes, Ignacio Carrera Pinto 480, ☏ + FAX 413482 ($ 3.500, sehr sauber, Trekking-Equipment- und MTB-Vermietung).
- Residencial Rosita-Family House Lodging, Arturo Prat 367; $ 3.000.
- Hospedaje Patagonia Adventura, Tomás Rogers 179, ☏ 411028; $ 3.500 Zwei- und Mehrbett-Zimmer.
- Hostal Amerindia, Ladrilleros 106, ☏ 410678; $ 6.000 (Restaurant mit vegetarischen Gerichten, sehr gemütlich; abends Dia-Show).

☺ In den oben genannten Unterkünften können Sie sich in Gemeinschaftsküchen selbst versorgen. In den Preisen ist Frühstück enthalten.

Die Hotels in der Straße Pedro Montt haben alle Blick auf den Fiordo Ultima Esperanza.

♦ Hotel Cost Australis, Pedro Montt 262, ☎ 412000; ab US$ 150.
♦ Hotel Juan Ladrilleros, Pedro Montt 161, ☎ 411652; ab US$ 85.
♦ Hotel Eberhard, Pedro Montt 58, ☎ 411208; ab US$ 90.
♦ Hotel El Milodón, M. Bulnes 356, ☎ 411727;ab $ 17.000.
♦ Hotel Glaciares, Eberhard 104, ☎ 411452; ab $ 32.000.
♦ Hotel Martin Gusinde, Bories 278, ☎ 412270; ab US$ 110.
♦ Hostal Los Piños, Phillipi 449, ☎ 411326; Single-Rooms ab $ 16.000.

Restaurants

☹ Obwohl Puerto Natales eine Hafenstadt ist, gibt es keinen *Mercado*, keine Markthalle, in der Sie frischen Fisch in kleinen Restaurants günstig essen können. So müssen Sie in "normale" Restaurants gehen, um leckeren Fisch zu essen.

♦ Cristal, M. Bulnes 439 (Fisch, Tageskarte, Sandwiches).
♦ La Tranquera, M. Bulnes 579 (Fleisch, Pastas, Fisch, Sandwiches).
♦ La Repizza, B. Encalada/Ecke M. Bulnes (Pizza).
♦ La Herradura, Bulnes 371 (Fisch, Meeresfrüchte, Fleisch, Sandwiches).
♦ Centro Español, Magallanes 247 (Fisch, Fleisch, Meeresfrüchte).
♦ Andres, Ladrilleros 381 (Fisch, Sandwiches).

▶ Tourenanbieter

Die beiden herausragenden Tourenanbieter in Puerto Natales, die auch individuell Touren organisieren. Sie machen absolut alles möglich:

♦ Turismo Andescape, Pedro Montt 308, ☎ + FAX 412592, <andescape@chileaustral.com> Drei Refugios und vier Campingplätze im Torres del Paine Nationalpark. Hiking, Trekking, Climbing, Rafting, Floating, Pferdevermietung. Vermieten auch Trekking-Equipment in Puerto Natales sowie in den Refugios Grey, Dickson und Pehoé.
♦ Amerindia Concept, Ladrilleros 105, ☎ 410678, FAX 410169, <amerindi@entelchile.net> <http://www.chilnet.cl/amerindia> Kajaking, Fotosafaris, Klettertouren, Gletscher-Trekking.
♦ Onas Turismo, M. Bulnes 453, ☎ + FAX 412707. Equipment-Vermietung. Bieten neben den "normalen" Touren in den Park auch Raftingtouren auf dem Río Serrano bis zur Hostería Cabañas del Paine im Nationalpark Torres del Paine an. Diese Tour ist in der Saison 98/99 neu eingerichtet worden. Die Hostería Glaciar Balmaceda in der Nähe des Serrano-Gletschers wurde erst 1998 fertiggestellt. Die Tour ist auch im Hotel Juan Ladrilleros oder in Punta Arenas bei der Agentur Aventour, José Noguiera 1255, ☎ 220174, FAX 243354 zu buchen.
♦ Los Inmigrantes, Ignacio Carera Pinto 480, ☎ + FAX 413482.

- Es gibt etwa 30 Tourenanbieter in Puerto Natales, wobei die meisten die Tour in den Torres del Paine Nationalpark mit einem Abstecher zur Cueva del Milodón anbieten. Einige haben zusätzlich Tagestouren zum argentinischen Perito Moreno Gletscher im Programm.
- Turismo Knudson, B. Encalada 284, ☎+FAX 411819.
- Servitur, Arturo Prat 353, ☎ 411858.
- JB, Arturo Prat 258, ☎+FAX 412824.

Turimo, "21 de Mayo", Eberhard 554, ☎ 411978 oder Ladrilleros 171, ☎ 411176. Dieser Anbieter hat eine Fahrt zum Gletscher Balmaceda und Serrano im Parque Nacional Monte Balmaceda mit dem alten, aber schönen Kutter "21 de Mayo" sowie dem moderneren Boot "Alberto de Agostini" im Programm: Die Tour dauert neun Stunden, inklusive einem kleinen Spaziergang zum Fuße des Glaciar Serrano. Kostenpunkt: $ 25.000.

▶ Ausrüstungsverkauf: Keine hochwertigen Produkte - es ist besser, Equipment bei den o.a. Tourenanbietern oder in den Refugios im Park auszuleihen, da das dortige Equipment besser ist.

- Balfer, Bulnes 28.
- Calsa Sport, B. Encalada/Ecke M. Bulnes.
- Ferreteria Martinez, Baquedano 499.
- Ferreteria Pivcevic, M. Bulnes 601.

▶ Verkehrsverbindungen: Puerto Natales erreichen Sie hauptsächlich auf dem Landweg vom 247 km entfernten Punta Arenas, wo die Inlandsflüge aus Santiago landen. Die andere Möglichkeit führt über Argentinien, entweder von Río Gallegos oder dem Perito Moreno Gletscher über den Paso Dorothea oder weiter oben über den Paso Cancha de Carreras (bei Cerro Castillo) hierher.

Puerto Natales hat einen kleinen Flughafen, der von der Fluggesellschaft Alta, Arturo Prat 236, ☎ 411847, angeflogen wird. Sie fliegen täglich nach Punta Arenas, Balmaceda (bei Coihaique), Puerto Montt, Temuco und Concepción.

- Die Fluggesellschaft Ladeco hat ihr Büro in der Tomás Rogers 78, ☎ 411236. Alle anderen Gesellschaften haben ihre Büros in Punta Arenas. Flugtickets können Sie u.a. kaufen bei:
- Patagonia Ice, B. Encalada 183, ☎ 410630.
- Tour Express, Bulnes 769, ☎ 411639.
- Cambio Latinoamericana, B. Encalada 189, ☎ 411654.
- Agencia José Caro, Arturo Prat 258C, ☎ 412724.

Die Flugtickets von Punta Arenas nach Santiago gibt es ab $ 59.000/US$ 132, nach Puerto Montt zahlen Sie ab $ 36.000/US$ 80 aufwärts.

Der schönste Weg, um in die Stadt am Fiordo Ultima Esperanza zu gelangen, ist auf dem Seeweg. Das Schiff startet in Puerto Montt und benötigt durch das Wirrwarr der Fjorde und Kanäle Südchiles drei Tage. Die Route zählt zu den schönsten weltweit. Die Fahrt kostet je nach Kabinenkomfort in der Hochsaison (Nov.-Febr.) zwischen US$ 280 und US$ 560.

☺ Im Januar und Februar dringend rechtzeitig buchen, da der Andrang groß ist. Buchen ist auch in Santiago möglich und zwar in der Miraflores 178, 12. Etage, ☎ 2/2035180, FAX 2/2035190.

- Navimag, Pedro Montt 380, Puerto Natales, ☎ 411421, FAX 242003.
- Navimag, Puerto Montt, Angelmó 2187, ☎ 253318, FAX 258540.

Busgesellschaften

- Buses Fernández, Eberhard 555, ☎ 411111 (Punta Arenas $ 3.000).
- Bus Sur, Baquedano 534, ☎ 411325 (Punta Arenas $ 3.000, Río Turbio $ 1.500, Río Gallegos $ 7.000, Torres del Paine $ 3.000).
- Transfer Austral, Baquedano 414, ☎ 412616 (Punta Arenas $ 2.500).
- Buses Cootra, Baquedano 244, ☎ 412785 (Río Turbio $ 2.000/ARG $ 4, Calafate $ 9.000/ARG $ 23).
- Buses Lagoper, Angamos 640, ☎ 411831 (Río Turbio).
- Buses Pingüino, Eberhard 555, ☎ 411111 (Río Gallegos/$ 6.000).
- Buses JB, Arturo Prat 258, ☎/FAX 412824 bietet reguläre Busfahrten in den Parque Nacional Torres del Paine für $ 6.000, ohne Abstecher zur Cueva Milodón.

	Abfahrt	Ankunft
Puerto Natales	8:00	
Laguna Amarga	10:00	
Guarderia Pehoé/Pudeto	11:00	
Administration		12:30
Administration	14:30	
Guarderia Pehoé/Pudeto	15:00	
Laguna Amarga	16:00	
Puerto Natales		18:30

☺ Fragen Sie nach, durch welchen Eingang die Busse in den Park fahren. Der absolut schönere Weg ist der über die **Guarderia Laguna Amarga**, da Sie von dort einen prächtigen Ausblick auf die drei Torres haben. Der weitere Straßenverlauf bietet ebenfalls faszinierende Aussichten (rechts sitzen!).

Mietauto

- Motor Cars, Bulnes 659B, ☎ 413598. Tagespreis bei freien Kilometern: $ 35.000 in Hochsaison (auch Geldwechsel).
- Avis/Emsa, Bulnes 632, ☎ 412770. $ 33.000 pro Tag, 350 km frei.
- Agencia Turismo Runner (Hotel Martin Gusinde), Bories 287.
- Ivago, M. Bulnes 433, ☎/FAX 413804 (auch 🚲 Vermietung und Geldwechsel).

Banken

- Banco de Chile, Bulnes 544 (MasterCard).
- Banco de Santiago, Bulnes 436 (MasterCard, Visa).
- Banco del Estado, M. Bulnes 717.

Wechselstuben
- Stop Gambio, Baquedano 380, ☎/FAX 411393 (auch Tourenanbieter).
- Cambio Mily, B, Encalada 266, ☎/FAX 411262. (auch Tourenanbieter).
- Cambio Gasic, Bulnes 624.
- Weitere *Casas de Cambio* in der B. Encalada im 200er-Block.

Telefongesellschaften
- Chilexpress, Tomás Rogers 143. Hier können Sie Geld über Western Union anfordern.
- CTC, B. Encalada/Ecke Phillipi, B. Encalada/Ecke Bulnes und Baquedano/Ecke O'Higgins; $ 535 pro Minute nach Europa.
- Entel, Baquedano 270, $ 700 pro Minute nach Europa.
- Chilesat, Esmeralda

Internet
- Internet, Baquedano/Ecke O'Higgins und bei Amerindia Concept in der Ladrilleros 105.

Supermärkte
- Super dos, B. Encalada/Ecke Esmeralda.
- La Bonbonera, M. Bulnes 646
- Supermercado y Panaderia (Bäckerei) Don Bosco, Baquedano 358
- Sauzalito, Balmaceda 534

Wäscherei
- Lavanderia/Lavaseco Milodón, M. Bulnes 600er-Block.
- Im Bories 200er-Block weitere Lavanderia.

Fotoladen
- Agfa-Laden, Bulnes 674 Dia-Film kostet $ 4.350.

Buchhandlung
- Southern Patagonia, M. Bulnes 688. Gute Auswahl an Büchern über die Region und Chile (auch englische und etwas deutschsprachige Literatur).

Souvenirs
- Ñandú, Bulnes 44 Pedro Montt 262 (haben schöne Sachen).
- Baratillo y Artesania Austral, Baquedano 588.
- Patagonia Ice, B. Encalada 183 (auch Tourenanbieter).

Discotheken
- Disco Milodón, B. Encalada 854
- Disco Eclipce, I. Ramiréz/Ecke Esmeralda
- Pub Tío Cacho, Phillipi 553

Post, Correos de Chile, Eberhard 429, ☎ 410202, Mo-Fr 8:30 bis 12:30 + 14:30 bis 18:00, Sa 9:00 bis 12:30.

Hospital, Ignazio Carrera Pinto 537, ☎ 411582.
- Centro de Salud (Kleines Ärztehaus), M. Bulnes 343, ☎ 411186.

Apotheken
- Farmacia del Pueblo, Arturo Prat 157, ☏ 411567.
- Farmacia Marisol, Baquedano 331, ☏ 411591.
- Farmacia Puerto Natales, Esmeralda 701, ☏ 411306.

Leckeres Eis gibt es bei Helados Bruna, Eberhard 217.
- Café Melissa, Bacedano Encalada 258.
- Heladería, M. Bulnes 585.

El Rey de la Bicicletas, Ramirez 540 (Fahrrad-Werkstatt und Ersatzteile).
- Sr. Luis Cardenas, Pedro Montt 0166. Vamos a Ver, Baquedano 719.

Die Stadt wurde 1911 am Ufer des Canal Señoret, dem Eingang zum Fiordo Ultima Esperanza (Letzte Hoffnung) gegründet - einem wirklich sehr schönen Ort. Der Name des Fjords wurde von Kapitän Hermann Eberhard geprägt, der 1892 mit seinem Schiff durch die Kanäle schipperte und hoffte, endlich Festland und keine weiteren neuen Inseln zu entdecken. Es heißt aber auch, daß die Spanier im 17. Jahrhundert den Namen als erstes gebrauchten, als sie sich auf der Suche nach der Durchfahrt durch den Magellan-Wasserweg hoffnungslos verfahren hatten.

Der Blick von der Stadt in Richtung Fjord bietet am Horizont Spektakuläres: den 2.035 m hohen Cerro Balmaceda mit seinem gleichnamigen Gletscher. Weitere schneebedeckte Berge bilden am Horizont ein phantastisches Szenario.

Die Stadt mit etwa 18.000 Einwohnern hat touristisch nichts Besonderes zu bieten. Sie dient im Sommer zahlreichen Touristen hauptsächlich als Sprungbrett in den 117 km entfernten Parque Nacional Torres del Paine. Allerdings ist Puerto Natales ein teures Pflaster, was Lebensmittel angeht. Am besten sollten Sie einiges aus Punta Arenas, Santiago oder sogar von zu Hause mitbringen. Dennoch versucht die Tourismusbehörde *Sernatur* mit Broschüren, die Touristen für ihre Stadt zu begeistern.

Sernatur, Pedro Montt 19/Ecke Philippi, ☏ 412125; direkt am Wasser, dort wo der alte Fähranleger ist, auf dem sich Hunderte von Kormoranen niederlassen. In der Hochsaison (15.10. bis 15.3.) Mo-Fr. 8:15 bis 13:00 + 14:15 bis 18:30, Sa 10:00 bis 13:00 + 15:00 bis 18:00. Gute Listen über alle Unterkünfte, Restaurants, Tourenanbieter sowie Busverbindungen zum Nationalpark mit aktuellen Preisen.

Ebenfalls die Vorwahl 61.

Nationalparkbehörde *Conaf*, O'Higgins 584. Die besten Infos über den Torres del Paine Nationalpark erhalten Sie allerdings in der Parkverwaltung direkt im Park, wo es auch eine kleine Ausstellung gibt.

Sehenswertes

⌘ Im Historischen Museum erfahren Sie in fünf Abteilungen einiges über die Geschichte der Stadt.

- ♦ Museo Histórico, Manuel Bulnes 285. Montags bis freitags 8:30 bis 12:30 + 14:30 bis 18:00.
- ♦ Über Flora und Fauna informiert das Museum Museo Flora y Fauna in der Padre Rosa 1456, ☏ 411558.

Auch Puerto Natales ist, wie Punta Arenas und die meisten chilenischen Städte schachbrettartig aufgebaut. Im Zentrum liegt die Plaza Arturo Prat, eine Grünfläche, um die herum wichtige Gebäude plaziert wurden. In Puerto Natales ist es die Iglesia Parroquial, die Gobernacion Provincial, die Municipalidad sowie die Post (*Correos*). Alle Gebäude liegen nebeneinander in der Straße *Eberhard*. Wenn Sie die Straße weiter gehen und links in die *B. Encalada* abbiegen, kommen Sie in die Philippi. Auf einem über 20 m langen Wandgemälde werden in mehreren Bildern Szenen des Alltagslebens der Aonikenk- und Kaweshkar-Indianer gezeigt.

Umgebung von Puerto Natales

Puerto Bories

Ein paar Kilometer von der Stadt entfernt, ebenfalls am Fiordo Ultima Esperanza, liegt Puerto Bories, ein großer Gebäudekomplex, der 1913 von der *Sociedad Explotadora de Tierra del Fuego* errichtet wurde. Er diente am Anfang des Jahrhunderts zur Versorgung der drei großen Schaf-Estanzias der Region. In großen Schafschuranlagen wurden die Schafe geschoren, die Wolle in einer Wäscherei gewaschen und das Fleisch in Kühlhäusern gelagert, bevor es mit Schiffen nach Europa verfrachtet wurde. Heute sind nur noch die Kühlanlage und der Schlachthof in Betrieb. Das gesamte Gelände kann besichtigt werden.

Monumento Natural Cueva del Milodón

Die Höhle wurde 1896 von Kapitän Hermann Eberhard entdeckt, der im Inneren Fell- und Knochenreste eines großen Tieres fand. Sie stammten von einem Mylodon (Riesenfaultier), die bis zu 3,5 bis 4 m groß wurden. Die

Puerto Natales

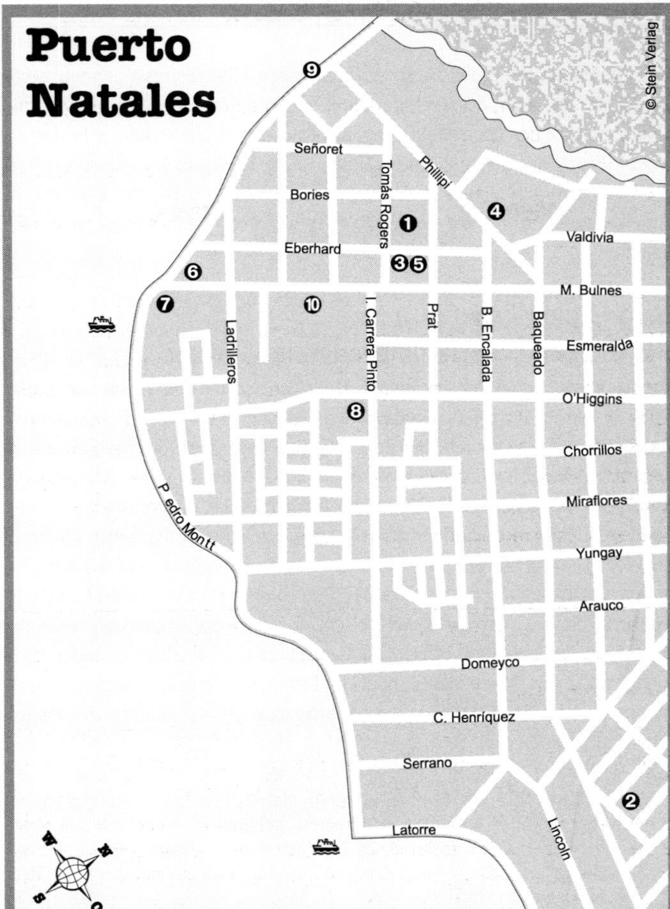

❶ Plaza Arturo Prat
❷ Museo de historia natural Alberto D'Agostini
❸ Correos - Post
❹ Mural etnias Aonikenk y Kaweshkar
❺ Iglesia Parroquial
❻ Navimag (Transbordador)
❼ Andescape
❽ Hospital
❾ Sernatur
❿ Museo histórico y Oficina Turismo Municipal

Tiere lebten am Ende des Pleistozän und waren Pflanzenfresser. Heute steht vor der 30 m hohen, 80 m breiten und 200 m tiefen Höhle die Plastiknachbildung solch eines Exemplars. Aber nicht nur die Faultiere lebten in der 25 km von Puerto Natales entfernten Höhle, auch Spuren prähistorischer Menschen hat man gefunden. Am Geländeeingang, dort wo Sie das Eintrittsgeld entrichten müssen, hat die Parkverwaltung Conaf ein kleines Museum eingerichtet.

Seno Ultima Esperanza und die Gletscher Balmaceda und Serrano

Eine wunderschöne Schiffstour führt durch den **Fjord Ultima Esperanza** zum 2.035 m hohen **Cerro Balmaceda**. Zwei Gletscher fließen den Berg hinunter, der im **Parque Nacional Bernardo O'Higgins** liegt. Der **Glaciar Balmaceda** fließt bis ins Meer und ist wunderschön vom Schiff aus zu sehen. Der andere, der **Glaciar Serrano**, ist über einen kleinen Fußmarsch zu erreichen.

Ausgestiegen wird am **Puerto Toro**, schräg gegenüber der neuen **Hostería Balmaceda**. Während des neun Stunden dauernden Törns zum 60 km entfernten Cerro Balmaceda passiert das Boot einige steil ins Wasser ragende Felsen. In einigen Nischen dieser Felsen, an denen sehr schön die eiszeitlichen Auswirkungen und Erdverschiebungen erkennbar sind, befinden sich Kondornester. Es ist ebenfalls möglich, Delphine, Pinguine, Seehunde und Kormoran-Kolonien zu sehen - im Hintergrund ist das Torres del Paine-Massiv zu sehen.

- Kutter "21 de Mayo", Eberhard 554, ☎ + FAX 411978 oder in der Ladrilleros 171, ☎ 411176 in Puerto Natales. Sie fahren mit dem gleichnamigen Kutter oder der moderneren "Alberto de Agos" zu den Gletschern. Die Fahrt kostet $ 25.000. Im Preis enthalten ist ein kleines Lunchpaket und ein Pisco (chilenisches Nationalgetränk), der mit Gletschereis serviert wird.
- ♦ Aventour in Punta Arenas (Adresse siehe dort) bzw. über das Hotel Juan Ladrilleros in der Pedro Montt 161, ☎ 411652 in Puerto Natales zu buchen. Sie fahren bis zur Hostería Balmaceda, von wo aus Sie mit kleinen Motorbooten auf dem Río Serrano in den Torres del Paine Nationalpark zur Hostería Cabañas del Paine gelangen.
- ♦ Amerindia Concept, Ladrilleros 105, ☎ 410678, bietet den Törn zum Balmaceda-Gletscher und auf dem Río Serrano mit dem Kajak an.

Geologie und Geographie

Entstehung des Paine-Massivs

Im Jura, also vor etwa 200 Mio Jahren, stieg im Bereich des Torres del Paines glutflüssige Magma vom Erdinneren zur Oberfläche auf, die allerdings nicht bis nach oben gelangte. Diese heiße Masse erstarrte unterirdisch zu Granit. Über einen unbeschreiblich langen Zeitraum trugen die Erosionskräfte das darüberliegende weichere Schiefergestein ab und modellierten die scharfkantigen Felsspitzen heraus.

Doch damit war das Paine-Massiv noch nicht fertig, denn damals wie heute bewegen sich die einzelnen Erdplatten aufeinander zu oder voneinander weg. In Südamerika schob sich die Pazifische Platte unter die Südamerikanische Platte und hob diese in schwindelnde Höhen.

Das war die Geburtsstunde der Anden, die bis zu 7.000 m emporragen. Es ist das jüngste Gebirge unserer Erde und beherbergt die höchsten Berge außerhalb des Himalajas. An seinem südlichen Ende, kurz bevor die Anden in den Pazifik versinken, ragt das wunderschöne, bizarr geformte Paine-Massiv wie aus dem Nichts in den patagonischen Wind.

Lage

Der Torres del Paine Nationalpark liegt am östlichen Abhang der Cordillera de los Andes, zwischen der patagonischen Steppe und dem Campo de hielo sur, dem Südlichen Eisfeld, das das Klima im Park stark beeinflußt. Der Park liegt in einer Höhe zwischen 50 und 3.050 m ü. NN (Cerro Paine Grande). Der Name *Paine* stammt von den Tehuelche-Indianern und bedeutet "blau".

Klima

Eine einheitliche Klimacharakteristik für den Nationalpark zu entwerfen, ist nicht möglich. Zu unterschiedlich sind die einzelnen Zonen, ist jeder Sektor abhängig von seiner geographischen Lage, seiner Nähe zum Bergmassiv oder eines Gletschers. Das bedeutet, daß jeder Bereich sein eigenes Mikroklima hat und eine Gesamtwettervorhersage für den Park nicht möglich ist.

* Die Gebiete um den **Lago Paine** und die **Laguna Azul** erreichen im Sommer die höchsten Temperaturen bis zu 30°. Im Winter fallen in dieser Region die größten Schneemengen und es schneit hier als erstes.
* Der Sektor **Laguna Amarga** wird vom **Río Paine** beeinflußt. Hier erreichen die Temperaturen nicht die Werte des vorigen Gebietes. Im Winter ist es der kälteste Sektor des gesamten Parks und die Temperaturen fallen unter -15°.
* Das Gebiet um den **Lago Sarmiento** ist eines der trockensten des Parks und wird im Herbst von Nebelbänken heimgesucht, die über dem Lago Sarmiento und Nordenskjöld entstehen.
* Für den Sektor **Lago Pehoé** ist im Sommer eine starke Windintensität typisch. Ist es aber einmal windstill, kann es über 25° warm werden. Im Herbst sehen Sie wegen starker Nebelbildung zumindest in den Morgenstunden fast nichts. Im Winter sind die Temperaturen um den Lago Pehoé und Nordenskjöld eher gemäßigt.
* Im Sektor **Lago del Toro** weht im Sommer ständig ein heftiger Wind, und die Temperaturen sind Sommer wie Winter gemäßigt. Das Klima wird von der größten Wassermasse der Region, dem Lago del Toro, dessen Oberfläche allerdings nur zu einem Bruchteil innerhalb der Parkgrenzen liegt, beeinflußt.
* Das Gebiet der **Laguna Verde** unterscheidet sich nur wenig vom Gebiet um die **Laguna Azul**. Nur der Winter ist etwas kälter.

Die Jahreszeiten mit den klimatisch besten Wanderbedingungen sind Frühling und Sommer, d.h. die Monate Dezember bis Februar. Die Durchschnittstemperatur erreicht im Sommer 11° und die Maximaldurchschnittstemperatur liegt bei 24°. Die Minimaldurchschnittstemperatur ist nur 1° und die durchschnittliche Niederschlagsmenge (ebenfalls im Sommer) beträgt 85 mm.

Der Park hat fünf Eingänge, die sich in den Sektoren Laguna Amarga, Laguna Azul, Lago Sarmiento, Lago Toro sowie Laguna Verde befinden. In einigen Reiseführern wird behauptet, daß ein weiterer Eingang unterhalb der Parkadministration am Lago del Toro existiert. Doch diese Straße ist nicht befahrbar, da mehrere Brücken fehlen und die Straße zum Teil in Privatbesitz ist. So geht es nur auf der Straße Nummer 9 über den Ort Cerro Castillo in den Park.

Flora und Fauna

Etwa um 12.000 v.Chr. erreichte der Höhepunkt des letzten Eisvorstoßes die patagonische Steppe. Die nachfolgende Klimaveränderung mit wärmeren Temperaturen erlaubte eine Krautvegetation, der eine Wiederausbreitung des Waldes folgte. Ein Wald soll auch schon, so haben es die pollenanalytischen Befunde ergeben, zwischen den Eiszeiten existiert haben.

In den kalten Zonen dominierten damals Tundrengesellschaften mit z.B. Krähenbeeren. Weiter im Norden existierten dagegen Park- und Steppengesellschaften.

Botanische Untersuchungen haben ergeben, daß die heute im Torres del Paine Nationalpark existierenden Pflanzen bereits vor mehreren tausend Jahren angesiedelt waren. Die Krautschicht beherbergte Gräser, Sauergräser, Rötegewächse und Korbblütler. Die Strauchregion bestand u.a. aus dem Calafate-Strauch und dem Eisenkrautgewächs. In der Baumschicht fand man die für dieses Gebiet typischen Südbuchenarten Lenga, Ñirre und Coigüe.

Im Zusammenspiel mit der Vegetation hat sich auch die Tierwelt entwikkelt. So existierten gegen 12.000 v.Chr. große Säugetiere, die heute ausgerottet sind, und bereits einige Arten der heutigen Tierwelt. Das pflanzenfressende Riesenfaultier, das immerhin mehr als 3 m groß wurde, lebte in der Gebüsch- und Wiesenzone. Daneben bewohnten der Andenhirsch (*Huemul*), das Guanaco und mehrere Arten des Urpferdchens diese Landschaftsform.

Fleischfresser lebten ebenfalls in der südlichsten Region Chiles: So fand man Überreste des Jaguars, des Pumas und anderer kleiner Wildkatzenarten. Die heute ausgestorbenen Kampffüchse und der Pampa-Bär waren auch Bewohner des Südens. Das Skunk und einige Marderarten waren ebenfalls präsent.

Bei den Vögeln hat man herausgefunden, daß damals auch der Kondor und der Ñandú in dieser Region lebten. Man fand zwar noch unzählige kleinere und mittelgroße Knochen, doch sie den einzelnen Vogel- und Entenarten zuzuordnen ist sehr schwierig. So nehmen die Zoologen an, daß die gesamte heutige Vogelwelt bereits damals im Paine-Gebiet vorhanden war.

Flora heute

Die Vegetationsgesellschaften im Torres del Paine Nationalpark sind nicht einheitlich umgrenzt, sondern in Einzelbestände aufgesplittet und gehen an den Grenzen oft fließend ineinander über. Sie lassen sich in vier Biotypen einteilen:

✱ Die Patagonische Steppe ist durch ausdauernde Gräser von geringer bis mittlerer Höhe gekennzeichnet. Diese Vegetationsform ist in Ebenen und Tafellandschaften angesiedelt, dort wo mitteltrockenes, kaltes Klima mit Jahresniederschlägen bis 400 mm vorherrscht. Es sind u.a. einige Süßgräserarten (*Coirón*), Hahnenfußgewächse wie die Anemone (*Anémona*), Rosengewächse wie die *Amor seco* und Rachenblütler wie *Capachito* oder *Zapatito de la Virgin*.

✱ Die Präandine Gebüschzone ist durch Buschwerk mit einer max. Höhe von 1 m gekennzeichnet. Die Dichte der Sträucher variiert dabei von Einzelexemplaren bis zur sehr dichten Gruppe. Diese Vegetationsform finden sich in Tafellandschaften und flachgewellten Hochebenen, auf trockenem, felsigem Gelände und an Abhängen. Ein schönes Exemplar ist der rotblühende *Mata guanaco*, ein Hülsenfrüchtler.

Mit zu den farbenprächtigsten Sträuchern gehören der Calafate-Strauch, die Berberitze (*Calafate enano*) oder die Fuchsie (*Chilco*), die Rotfrüchtige Krähenbeere (*Murtilla*) sowie Silberbaumgewächse wie die *Ciruelillo*, *Fosforito* oder *Notro*, die in der Zeit von September bis Dezember und darüber hinaus blühen.

✱ Der Laubwerfende Magellanwald ist durch Baumgesellschaften gekennzeichnet. Diese Vegetation finden Sie unterhalb von 400 m ü. NN, und sie ist in Gebieten mit erhöhten Niederschlägen von mehr als 400 mm verbreitet, dort, wo sich Waldboden bilden konnte. Am stärksten vertreten sind die Südbuchengewächse wie die *Lenga* (Nothofagus pumilio), die *Ñirre* (N. antarctica) und die *Coigüe* (N. betuloides).

* Andine Wüste: Hier ist nur an Standorten mit oberflächlichem Wasserzufluß und im Schatten hervorstehender Felsen ein Pflanzenwuchs möglich. Diese Plätze finden Sie oberhalb 600 m bis etwa 800 m ü. NN, unterhalb der Grenze des ewigen Schnees und Eises. Es kommen Pflanzen mit gekrümmtem, gedrungenem Wuchs vor, die eine Höhe von max. 1,30 m erreichen. Die Bodendeckung reicht bis zu 30%. Es sind vor allem Korbblütler und Seebeerengewächse, die der kalten Witterung trotzen.

Fauna heute

Die zahlreichen Landschaftstypen des Torres del Paine Nationalparks bieten einer Menge von Tieren eine Heimat. Bis heute wurden 105 Vogelarten, 25 Säugetier-, vier Fisch-, drei Amphibien-, sieben Reptilien- und über 170 Insektenarten entdeckt.

Die meisten Säugetiere können bei aufmerksamer Wanderung durch den Park ohne Probleme gesehen werden. Am häufigsten sehen Sie das Guanaco (*lama guanicoe*). Im Park ist es solo oder in Gruppen in den Sektoren Laguna Azul, Laguna Amarga, Lago Sarmiento, Laguna Verde und Lago Pehoé zu sehen. Die Jungen, die nach einer Tragezeit von elf Monaten zur Welt kommen, heißen im ersten Jahr *Chulengo.*

Außerdem sind der Magellanfuchs (*Zorro Culpeo* oder *Zorro Colorado*) oder der Pampafuchs (*Zorro Chilla* oder *Zorro Gris*), der Kaphase (*Liebre*), der Patagonische Skunk (*Chingue*), das Braunzottige Gürteltier (*Peludo*) oder etwas seltener der Südandenhirsch (*Huemul*) in den Sektoren Lago Grey und Lago del Toro zu sehen. Das Huemul können Sie dafür neben dem Kondor im chilenischen Staatswappen betrachten, in das beide 1834 aufgenommen wurden.

Sehr viel Glück müssen Sie haben, wenn Sie den Puma zu Gesicht bekommen wollen, auch wenn er im gesamten Parkareal zu Hause ist. Ich habe nur seine Tatzenabdrücke im frisch gefallenen Schnee gesehen. Genauso schwierig ist es, die Kleinfleckkatze (*Gato Montés*) zu beobachten.

Von den 105 im Park existierenden Vogelarten halten sich insgesamt 40 Arten das ganze Jahr über in dem Park auf. 77 Arten sind Landvögel, der Rest Wasservögel.

Der Kondor ist dabei wohl der bekannteste Vogel des Parks, ja ganz Südamerikas. Ihn zu sehen, ist im Nationalpark kein Problem, er kommt in größerer Zahl vor. Es besteht zwischen den beiden Geschlechtern ein sicht-

äußerer Unterschied: das Männchen besitzt einen roten Kamm auf dem Kopf, das Weibchen nicht. Beide Geschlechter besitzen eine weiße Halskrause. Seine Flügelspannweite kann enorme 3,25 m erreichen. Damit ist der Andenkondor der größte flugfähige Vogel. Ihn bei seinen Gleitflügen zu beobachten ist einmalig. Dies können Sie besonders gut am Nordufer des Lago Nordenskjöld, zwischen dem Refugio Los Cuernos und der Hostería Las Torres.

Ein kleinerer Vertreter des größten (flugunfähigen) Vogels unser Erde, des Strauß', lebt auch in und um den Paine-Nationalpark herum. Es ist der Darwinstrauß, der Ñandú. Er wird zwischen 95 und 100 cm groß. Es besteht kein sichtbarer Geschlechtsunterschied, nur daß es beim Ñandú einen Rollentausch gibt: Das Männchen brütet die Eier seiner Weibchen aus. Die bis zu 40 *Charitas* (Straußenküken) folgen ihm auf Schritt und Tritt durch die patagonische Weite.

Ein häufig im Park vorkommender Wasservogel ist die Magellangans (*Caiquén*), die sich das ganze Jahr über im Park aufhält. Es sind sehr schöne Tiere, von denen das Weibchen dunkle Federn hat, und das Männchen am Kopf, Hals und Bauch weiße Federn trägt.

Diese Vögel können Sie ohne große Anpirschaktionen im Park beobachten: den Weißhalsibis (Bandurria), die Morgenammer (Chincol), den Blaugelben Magellanämmerling (Fringilo Patagonico), den Stachelschwanzschlüpfer (Rayadito) mit seinem gelben Streifen über den Augen und den gelbschwarze Bartzeisig (Jilguero). Mit etwas Glück sehen Sie den Magellanspecht (Carpintero Negro) in den Waldpassagen entlang des Circuito. Das Männchen hat einen knallroten Kopf, das Weibchen hat ein komplett schwarzes Federkleid.

Ein weiterer größerer Wasservogel ist der Schwarzhalsschwan (*Cisne de cuello negro*), der auch das ganze Jahr über im Park lebt, wobei ein Teil der Population im Winter in andere Regionen fliegt. Männchen wie Weibchen haben einen schwarzen Kopf und Hals, der Rest ist weiß, Geschlechtsunterschiede sind äußerlich nicht zu erkennen.

Ein unregelmäßiger Besucher des Torres del Paine Nationalparks ist der Chile-Flamingo (*Flamenco Chileno*), der sich in den warmen Gefilden Nordchiles fortpflanzt.

Ein laut kreischender Geselle ist der Smaragdsittich (*Cachaña*), der in Schwärmen in den lichteren Teilen der Lengawälder umherfliegt.

Es ist keine Seltenheit, Falken, Bussarde, Karakaras, Uhus, Eulen und Kauze, sowie Schwalben, Kolibris, Reiher, Blässhühner und eine große Anzahl von Enten im Park zu sichten. Außer auf dem *Paso John Garner* hören Sie eigentlich immer Vögel entlang des Weges zwitschern.

Hydrologie

Im Pleistozän, das vor etwa 2 Mio Jahren begann, fand die letzte Vereisung auf der Erde statt. Davon blieb auch Patagonien nicht verschont. Zeuge der Vereisung ist das zurückgebliebene *Campo de hielo sur*, das südliche patagonische Inlandeis. Es ist das größte zusammenhängende Eisfeld außerhalb der Polregionen. Seine Länge erreicht sagenhafte 300 km, und die äußersten südlichen Gletscherzungen ragen in das Gebiet des Torres del Paine Nationalparks hinein. Sie sind der Ursprung eines ausgedehnten Gewässernetzes, das den Park von Norden nach Süden durchzieht.

Es beginnt im Norden des Parks mit dem Dickson-Gletscher (*Glaciar Dickson*), der in den Lago Dickson fließt. An dessen südlichem Ende entspringt der **Río Paine**, der im Park die Sammelader aller Gewässer ist. Er mündet in den **Lago Paine**, aus dem er an seinem Ostende heraustritt, wo er sich mit einem kleineren Fluß, der die Laguna Azul entwässert, vereint.

Das blaue Wasser der Lagune mit den drei Torres (= Türme) im Hintergrund ist ein wunderschönes Fotomotiv.

Danach durchfließt der Río Paine die Paine-Stromschnellen (*Cascada Paine*), die je nach Jahreszeit und Niederschlagsmenge mit Getöse die Stufen hinunter fließen. Ein ganzes Stück hinter den Kaskaden mündet der Fluß in das Nordostende des Lago Nordenskjöld. Über den *Salto Grande*, den großen Wasserfall, verläßt er den See, um direkt in den **Lago Pehoé** zu fließen.

Aus dem Lago Pehoé tritt das Wasser über den *Salto Chico*, den kleinen Wasserfall, in den letzten Abschnitt des Río Paine. Er mündet in der Nähe der Administration in den **Lago del Toro**.

Mit den Cuernos del Paine (Paine-Hörnern) im Hintergrund ergibt sich ein reizvolles Fotomotiv, das am besten vom gegenüberliegenden Ufer des Lago Pehoé aus mit einer großen Brennweite zu fotografieren ist.

Der See ist mit 196 km² der größte See der Region. Aus ihm entspringt der **Río Serrano**, der alles Süßwasser des Nationalparks in den Fiordo Ultima Esperanza entläßt. Der Río Serrano ist ein sehr beliebter Angelplatz. Bevor das Wasser des Flusses allerdings in den Fjord strömt, münden drei weitere Flüsse in seinen Flußlauf: der *Río Grey, der Río Tyndall* sowie der *Río Geikie*. Sie entspringen jeweils aus gleichnamigen Seen und Gletschern. Der *Glaciar Geikie* ist der südlichste Arm des *Campo de hielo sur*.

Der **Grey-Gletscher** *(Glaciar Grey)* ist wohl der schönste Gletscher im Park und am einfachsten zu erreichen: entweder zu Fuß über den sogenannten Rundweg (*Circuito*), der seine östliche Flanke berührt, oder mit dem Boot vom Südende des Lago Grey aus. Es fährt bis zur **La Isla**, einer Felserhebung, die die Front des Gletschers in zwei Arme teilt. Dort legt es für eine halbe Stunde an und läßt die Passagiere aussteigen.

In den Lago Grey fließt über den Río Pingo das Wasser des gleichnamigen Sees und Gletschers. Im Winter gibt es dort etwas Faszinierendes zu beobachten: Weil der See nicht sehr groß ist, friert er in kalten Wintern komplett zu. Dabei werden die abgebrochenen Eisberge mit eingefroren, was ein spektakuläres Bild abgibt.

Die genannten Seen gehören aufgrund ihrer Gletscherherkunft zum oligotrophen Typ, das heißt, sie sind arm an Nährstoffen, reich an Sedimenten und sehr tief. Die anderen im Park existierenden Seen und Lagunen gehören zum eutrophen Typ: Sie sind flacher und reich an Nährstoffen und haben eine aquatische Flora.

Die größte Zahl der Seen hat einen Ausfluß, der Lago Sarmiento de Gamboa nicht. Dieser 22 km lange See gibt sein Wasser durch Versickerung ab. An seinen Ufern hat sich ein weißer Kalkgürtel gebildet, der einen sehr schönen Kontrast zu seinem dunkelblauen Wasser abgibt.

Kolonialisierung

Die ersten menschlichen Ansiedlungen in dieser Region gehen laut dem *Instituto de la Patagonia* auf die Zeit um 12.000 bis 13.000 v.Chr. zurück. Es waren Jäger-Sammler-Kulturen, die u.a. auf der Jagd nach Riesensäugetieren waren. Sie kamen von Norden her, vom Lago Argentino, und zogen

Richtung Fiordo Ultima Esperanza. Daß sie auch in den heutigen Parkgrenzen gelebt haben müssen, zeigen Höhlenmalereien, die man nicht unweit vom heutigen Eingang Laguna Amarga unter einem Felsdach entdeckt hat. Auf den Zeichnungen (Größe von 10 bis 43 cm) sind Menschengestalten zu erkennen.

Ein paar hundert Meter weiter findet man unter einem weiteren Felsüberhang fast doppelt so große Zeichnungen in blaßroter Farbe. Es sind diesmal Zeichen, die Nanduspuren, Haken und Hufeisen ähneln.

Doch danach folgt eine zeitliche Lücke: Verrmutlich ungünstige Umweltbedingungen führten bis etwa 7000 v.Chr. zu einer Unterbrechung der Besiedlung.

Nachdem sich die Lebensbedingungen wieder gebessert hatten, fand bis 5400 v.Chr. eine erneute Besiedlung statt. Es waren jetzt die **Aónikenk** (aónik = Süden, kenk = Menschen) und die **Tehuelches**. Diverse Funde aus Stein, wie Pfeil- und Lanzenspitzen, Schabgeräte sowie Jagdwaffen sind Beweise ihrer Anwesenheit. Ein besonderes Jagdgerät ist das *Boleadoras*, das aus zwei oder drei Steinkugeln bestand, die über einen gemeinsamen Knoten mit einem langen Lederriemen miteinander verbunden waren. Dieses Gerät schleuderten die Jäger z.B. den verwilderten Pferden zwischen die Beine und brachten sie damit zu Fall.

Lange Zeit später, im Jahr 1870 n.Chr., erreichten die ersten Entdecker das Gebiet, um zu jagen. 1877 leitete der chilenische Leutnant *Tomás Rogers* eine zweijährige Expedition zwischen der Skyring-See und dem Río Santa Cruz. Seine wissenschaftlichen und geographischen Erkenntnisse wurden von den nachfolgenden Expeditionen bestätigt und erweitert. In diesem Zusammenhang müssen der schwedische Geologe *Otto Nordenskjöld* (1897) und der Botaniker *Carl Skottsberg* (1907-1908) erwähnt werden.

Eine große Anzahl von Studien über das Gebiet erstellte auch der Priester *Alberto M. de Agostini*, der in der Zeit von 1917 bis 1945 die Region um die *Torres* immer wieder bereiste. Sein bekanntestes Werk ist das 1941 erschienene "Andes Patagónicos".

Durch seine fotografischen Publikationen und Vorträge über die beeindruckende Schönheit des Paine-Massivs machte er das Gebiet über die Grenzen hinaus bekannt.

Im letzten Jahrzehnt des vergangenen Jahrhunderts begann die Kolonialisierung rund um das Paine-Massiv durch deutsche und britische Einwanderer. Sie versuchten sich durch Landwirtschaft und Viehzucht in dieser Einsamkeit selbst zu versorgen. Sie gingen jedoch nach und nach zur Viehzucht über, so daß zeitweise bis zu 32.000 Schafe und 3.000 Rinder in weiten Teilen des heutigen Parks weideten. Um dieses Weideland zu schaffen, begannen sie, das Land brandzuroden. Eine negative Folge der Viehzucht war, daß die einheimischen Tiere vertrieben oder gejagt wurden, da sie eine Gefahr für das Vieh darstellten.

Verwaltung des Nationalparks

Gründung

Es war Professor Werner Gomsch, der im Jahr 1925 die einmalige, unberührte Natur mit ihrer Schönheit am Ende der Anden für sich entdeckte und begann, das öffentliche Interesse für diese Naturschönheit zu wecken. Sein Vorschlag war es auch, diese wunderschöne Landschaft in ein Naturreservat für den Tourismus zu verwandeln, in den "Nationalpark des Südens".

Seinen Interessen schlossen sich weitere Personen und Institutionen an, deren Nationalpark-Kampagne 1959 Erfolg hatte: Per oberstem Dekret des Landwirtschaftsministeriums wurde die Gründung des Touristischen Nationalparks Lago Grey beschlossen. Seine damalige Fläche betrug nur 43 km².

1961 vergrößerte die chilenische Regierung durch ein neues Dekret den Park auf 245 km². Gleichzeitig bekam er einen neuen Namen: Tourismusnationalpark Torres del Paine. Das war aber nicht das Ende der Erweiterungen: 1970 umfaßten die Parkgrenzen 355 km² und er erhielt seinen heute gültigen Namen Nationalpark Torres del Paine, auf spanisch Parque Nacional Torres del Paine.

Es folgten zwei weitere Dekrete (1975 und 1979), in denen weitere Erweiterungen beschlossen wurden. So umfaßt der Park gegenwärtig eine Fläche von 1.814 km².

Der italienische Graf Guido Monzino hatte maßgeblichen Anteil daran, daß der Nationalpark seine heutige Größe hat: Er besuchte 1957 als Leiter einer italienischen Bergsteigerexpedition das Gebiet und war von der Schönheit des Landes überwältigt. 1970 erwarb er die Ländereien der Estanzia Cerro Paine mit einer Fläche von 125 km². Sein Land stiftete er 1977 der chilenischen Regierung, die das Gebiet in den Nationalpark integrierte.

Heute wird über eine weitere, wahrscheinlich letzte Erweiterung verhandelt. Wenn das Dekret erlassen wird, hätte der Park eine Gesamtfläche von 2.422 km².

Seit 1975 verwaltet die chilenische Forstbehöde *Conaf - Corporación nacional forestal* - diesen und alle anderen 32 Nationalparks Chiles.

Am 28. April 1978 erklärte die Unesco: "Auf Beschluß des Direktoriums des internationalen Rats zur Koordination des Programms über Mensch und Biosphäre, autorisiert für diesen Zweck von der Generalversammlung, wird bestätigt, daß der Nationalpark Torres del Paine Bestandteil der Internationalen Kette der Reservate der Biosphäre ist."

Einteilung in Sektoren

Zur einfacheren Verwaltung des Parks wurde er von der Forstbehörde in acht Sektoren eingeteilt:

1. Sektor Lago Paine	(Paine-See)
2. Sektor Laguna Azul	(Blaue Lagune)
3. Sektor Laguna Amarga	(Bittere Lagune)
4. Sektor Lago Sarmiento	(Sarmiento-See)
5. Sektor Lago Pehoé	(Pehoé-See)
6. Sektor Lago Grey	(Grey-See)
7. Sektor Lago del Toro	(Toro-See)
8. Sektor Laguna Verde	(Grüne Lagune)

In jedem Sektor gibt es eine Wachstation, die mit mindestens einem Ranger (Parkwächter) besetzt ist. Sie sind über ihren Sektor bestens informiert. Im Sektor Lago del Toro hat *Conaf* sein Verwaltungsgebäude sowie ein Informationszentrum errichtet.

Alle Sektoren (außer Laguna Verde) sind über ein etwa 110 km langes Wanderwegenetz miteinander verbunden. Die Laguna Verde erreichen Sie über die Straße Nummer 9, von der Sie nach 88 km von Puerto Natales gerechnet, links abbiegen.

Besucher im Torres del Paine Nationalpark

Der Nationalpark ist bei Trekkern in aller Welt sehr beliebt, jedes Jahr steigen die Zahlen an, wobei mehr Ausländer als Einheimische den Park besuchen.

Entwicklung der Besucherzahlen

	1997	1998	1999
Januar	15.472	15.740	16.950
Februar	12.259	13.607	13.985
März	6.619	4.842	6.095
April	1.531	2.283	2.807
Mai	741	1.080	810
Juni	233	323	428
Juli	329	451	546
August	552	321	582
September	1.568	1.445	1.680
Oktober	2.585	3.170	3.485
November	6.533	7.042	7.455
Dezember	8.789	9.160	9.897
Gesamt	57.211	59.964	64.720

1998 kamen 20.433 Chilenen und 39.631 Ausländer in den Torres del Paine Nationalpark - während in den ersten sieben Monaten 1999 bereits 16.134 Chilenen und 25.487 Ausländer Südamerikas schönsten Nationalpark besuchten. Für Chilenen ist eine Reise von Santiago nach Punta Arenas und weiter in den Park teurer als ein Flug nach Florida. Klar, wo die meisten hinfliegen!

Die Zahl von März '98 ist wesentlich niedriger als die vom Vorjahr. Das war der Monat, als ein Unwetter in Südchile tobte und vier Menschen im Park starben. Der gesamte Park wurde für mehrere Tage gesperrt. Für 1999 rechnet die Parkverwaltung mit über 60.000 Besuchern. Wie Sie an den Besucherzahlen erkennen können, sind die Monate Januar und Februar am stärksten frequentiert. Wenn es irgend geht, sollten Sie versuchen, diese Monate zu meiden und auf die Monate November/Dezember oder März ausweichen.

Ein Besuch des Parks im chilenischen Winter ist ebenfalls eine wunderschöne Angelegenheit. In den Monaten Juni und Juli ist das Wetter sogar etwas stabiler, und die Niederschlagsmenge ist geringer als im Sommer. Entlang des *Circuito* haben dann allerdings nicht alle Refugios geöffnet. Ganzjährig geöffnet sind: Refugio Pehoé, Hostería Pehoé, Hostería Grey, Hotel Explora.

Anfahrt zum Parque Nacional Torres del Paine

Der Parkeingang Laguna Amarga liegt 117 km von Puerto Natales entfernt. Die ersten 4 km bis kurz hinter Puerto Bories am Fiordo Ultima Esperanza sind asphaltiert, danach folgen 113 km Schotterpiste, die aber in einem guten Zustand ist. Vorbei am Flugplatz folgt nach 16 km die Abzweigung zur **Cueva del Milodón**.

Geradeaus weiter befindet sich nach 23 km der Abzweig zur *Laguna Sofia*. Die kleine Ortschaft Dos Lagunas mit Kirche, Hotel und Restaurant folgt bei km 28. Nach 44 km fahren Sie direkt am Ufer der **Laguna Fiugeroa** entlang. Danach breitet sich links eine Ebene aus, über die hinweg Sie - bei guter Sicht - den ersten Blick auf das Paine-Massiv werfen können. Entlang des Weges folgen einige Estanzias.

> *Während der Fahrt sollten Sie immer wieder mal gen Himmel schauen, da in diesem Gebiet der Kondor gern seine Kreise zieht.*

Nach knapp 60 km ist **Cerro Castillo** erreicht. Gleich am Ortsanfang befindet sich eine Carabinero-Station, bei der sich alle Reisenden melden müssen, die über den 7 km entfernten **Paso Cancha de Carreras** nach Argentinien wollen.

An der Straße, die jetzt einen 90°-Linksknick Richtung Nationalpark macht, stehen zwei *Cafeterías* und eine *Información Turistica*. Im Ortskern gibt es einen Lebensmittelladen und die *Hostería El Pionero*. Von der Kreuzung sind es rund 55 km bis zum Parkeingang und zum markant geformten Cerro Guido 71 km.

7 km hinter Cerro Castillo folgt der Abzweig zum *Camping Bahia Bote*, der an den Ufern des **Lago del Toro** und des **Lago Maravilla** liegt (32 km).

Auf der Route Nr. 9 folgt bei km 88 der Abzweig zur *Hostería Lazo*, die sich an der **Laguna Verde** befindet. Die Straße dorthin führt stellenweise am

Ufer des **Lago Sarmiento de Gamboa** entlang und bietet einen herrlichen Ausblick auf das Paine-Massiv. Die Straße endet an der Hostería Lazo, wo es einen Eingang in den Torres del Paine Nationalpark gibt. Von dort aus können Sie auf dem *Sendero Laguna Verde* in 4½ Stunden bis zur Parkverwaltung wandern.

Nach 94 km auf der Routa 9 zweigt die Straße zum Park links ab. Ab der Kreuzung haben Sie einen wunderbaren Blick auf das Paine-Massiv mit seinen berühmten drei *Torres*. Die Straße verläuft entlang des Ostufers des Lago Sarmiento. In dieser Ebene haben Sie die Möglichkeit, Ñandús zu sehen.

Hinter dem See (km 107) gabelt sich die Straße: Zum einen geht es zur **Portería (Eingang) Laguna Amarga** (12 km), die andere Straße führt zur **Portería Sarmiento** (12 km). In diesem Bereich bis zur Parkverwaltung (48 km) können Sie entlang beider Straßen Guanaco-Herden sehen und auf den kleinen Seen schwimmen Enten und Gänse und Flamingos waten durchs Wasser.

> *Der Parkeintritt beträgt $ 6.500. Ich empfehle Ihnen den Eingang in den Park bei der* ***Guarderia Laguna Amarga****, da Sie von dort gut den Circuito beginnen können. Vom Parkeingang erreichen Sie am gleichen Tag die* ***Hostería*** *und das* ***Refugio Las Torres****. Der Bus ist etwa um 10:00 am Eingang, der Fußmarsch für die 7 km zum Refugio dauert etwa 1½ Std.*

Die andere Startmöglichkeit ist, mit dem Bus weiter Richtung Parkverwaltung zu fahren, denn die Straße bietet schöne Aussichten auf das Torres del Paine-Massiv mit den *Torres* und *Cuernos*. Beginnen können Sie den *Circuito* dann am **Refugio Pehoé**. Dazu steigen Sie entweder an der *Guarderia Pehoé* aus, um mit der Fähre zum Refugio zu gelangen, oder Sie fahren mit dem Bus weiter bis zur Parkverwaltung und gehen auf einem eher langweiligen, 5 Std. dauernden Fußmarsch, zum Refugio Pehoé.

Der Bus ist um etwa 11:00 an der Guarderia **Pehoé/Refugio Pudeto** und um 12:30 an der Administration. Sie schaffen es auf alle Fälle am gleichen Tag bis zum Refugio Pehoé. Der Bus fährt morgens um 8:00 in Puerto Natales ab, um 14:30 beginnt er an der Parkadministration die Rückfahrt nach Puerto Natales.

♦ Refugio Pudeto, 10 Plätze, ⇧ 70 m, WC/rustikal Conaf/gratis

Wo sollten Sie den *Circuito* beginnen? - an der Hostería Las Torres oder am Refugio Pehoé?

Wenn Sie den *Circuito* an der Hostería Las Torres beginnen und ihn auch dort enden lassen, sind Sie den wirklich wunderschönen Abschnitt zwischen der Laguna Amarga und Pudeto nicht gefahren. Er bietet wirklich einmalige Ausblicke (rechts sitzen). Beginnen Sie den *Circuito* an der Hostería Las Torres, haben Sie die Möglichkeit, den Weg zu den *Torres* zweimal zu gehen, falls Sie beim ersten Mal kein Glück mit dem Wetter hatten oder einfach nur so ein zweites Mal dort hinauf wandern, weil es einfach zu schön ist.

Von der Parkadministration zum Refugio Pehoé zu wandern ist eine absolut langweilige Angelegenheit, auch wenn der Ausblick auf das Torres-Massiv schön ist - fünf Stunden durch eine Ebene gegen den Wind wandern, das muß nicht sein!

Darum möchte ich Ihnen empfehlen, mit dem Bus bis zur Guarderia Pehoé zu fahren und die 500 m bis zum Refugio Pudeto zu gehen, von wo die Fähre zum Refugio Pehoé abfährt.

☺ In der Hochsaison im Januar/Februar sollten Sie sich einen Platz auf der kleinen Fähre reservieren lassen, die nur eine Kapazität von 25 Personen hat. Die Fahrt dauert eine Stunde und führt am Salto Paine Grande vorbei. Mit dem Cumbre Principal, dem höchsten Berg auf dem Parkgelände sowie den *Cuernos* direkt dahinter, ist das eine phantastische Aussicht.

Lancha Tzonka, B. Encalada 971 in Puerto Natales, ☎ 412174. Reservierungen können auch bei *Andescape*, Pedro Montt 308 in Puerto Natales, ☎ 412592 vorgenommen werden oder rechtzeitig in den Refugios, die alle untereinander mit Funk verbunden sind. Abfahrtzeiten in der Hochsaison: ab Pudeto: 9:00, 13:00 + 15:30 Uhr; ab Refugio Pehoé: 10:30, 14:30 + 18:00. Die Fahrt hin und zurück kostet $ 12.000. Die Ankunftszeiten der Busse sind mit den Ab- bzw. Ankunftszeiten der Fähre einigermaßen koordiniert, d.h., Sie schaffen es an einem Tag von Puerto Natales zum Refugio Pehoé. Diese fast DM 50 Fahrtkosten sparen Sie, wenn Sie den *Circuito* an der Administration beginnen.

Praktische Informationen

Der *Circuito* Torres del Paine ist mit seinen Abstechern in das Valle del Francés und ins Valle Ascencio insgesamt ca. 110 Kilometer lang. Für seine Umrundung sollten Sie acht bis zehn Tage einplanen. Es geht sicherlich auch schneller; einige meinen, länger als sechs bis sieben Tage brauche man nicht. Ich meine aber, wenn man solch eine weite Reise auf sich genommen hat, sollte man diesen schönen Trail auch genießen und nicht bei schlechtem Wetter gehen. Das, was die Natur an Wundern für Sie parat hat, ist absolut zum Genießen. Ich habe den *Circuito* 10 Tage lang ausgekostet (ein Führer von Andescape hält den Streckenrekord mit 32 Stunden)

Unterkünfte im Park und entlang des Circuito

🛏 Es sind fünf Hosterías im Parque Nacional Torres del Paine vorhanden.

- Hostería Las Torres, Magallanes 960, ☎ 61/226054 in Punta Arenas.
- Hostería Pehoé, Torres del Paine, ☎ 61/411390.
- Hostería Lago Grey, Torres del Paine, ☎ 61/227528, Reservierungen ☎ 61/241042 + ☎ 241504.
- Hotel Explora, Américo Vespucio Sur 80, ☎ 2/2288081 in Santiago, im Park ☎ 61/411247.
- Posada Río Serrano, Arturo Prat 270, ☎ 61/411355 in Puerto Natales.

Entlang der 110 *Circuito*-Kilometer gibt es diese Unterkunfts- und Verpflegungsmöglichkeiten:

Unterkunft	🛏	⇧	Service	Verwaltung
Refugio Pehoé	34	70	🛏 🚿 🍴	Andescape
Camping Pehoé	30	70	🚿 ⛺ *	Andescape
Campamento Italiano	10	230	rustikal**	Conaf/gratis
Campamento Británico	10	760	rustikal**	Conaf/gratis
Refugio Los Cuernos	32	90	🛏 🚿 🍴	Fantástico sur
Camping Los Cuernos	10	90	🚿	Fantástico sur
Refugio Las Torres	34	100	🛏 🚿 🍴	Fantástico sur
Camping Las Torres	40	100	🚿	Fantástico sur
Refugio Chileno	34	505	🛏 🚿 🍴	Fantástico sur
Campamento Chileno	10	505	rustikal**	Conaf/gratis
Campamento Torres	10	700	WC/rustikal**	Conaf/gratis
Campamento Serón	10	250	🚿 WC	Conaf/gratis

Unterkunft	🛏	⇧	Service	Verwaltung
Campamento Coirón	6	180	rustikal**	Conaf/gratis
Refugio Dickson	32	195	🛏 🚿 🍴	Andescape
Camping Dickson	30	195	🏪 🚿	Andescape
Camping Los Perros	20	635	🏪 🚿	Andescape
Campamento Paso	10	590	rustikal**	Conaf/gratis
Campamento Los Guardas	10	400	rustikal**	Conaf/gratis
Refugio Grey	32	85	🛏 🚿 🍴	Andescape
Camping Grey	20	85	🏪 🚿	Andescape
Refugio Pudeto	10	70	WC/rustikal**	Conaf/gratis
Campamento Las Carretas	10	60	rustikal**	Conaf/gratis

* Auf der ganzjährig geöffneten Pehoé-Anlage übernachten in der Hochsaison täglich bis zu 250 Menschen, Reservierung erforderlich!

** Rustikal bedeutet, daß es außer einigermaßen ebenflächigen Zeltplätzen und einem kleinen Bach/Wasserstelle nichts weiter gibt.

Es gibt weitere Unterkünfte im Park, die allerdings nicht entlang des *Circuito* liegen: Cabañas und Camping Laguna Azul, Refugio Lago Paine, Camping Pehoé (Ostufer), Refugio und Camping Laguna Verde, Hostería Cabañas del Paine, Camping Río Serrano, Refugio Pingo, Refugio Zapata.

🏪 Am Eingang Laguna Amarga steht ein kleiner Kiosk. Wenn die Ranger fleißig waren, können Sie dort frisches Brot kaufen.

Preise

- Andescape-Unterkünfte: Ein Schlafplatz (Bett = *cama*) in den Refugios Pehoé, Grey und Dickson kostet $ 7.500/US$ 17,50. Das Zelten auf den Plätzen Pehoé, Grey, Dickson und Los Perros kostet $ 1.700/US$ 4,00 pro Person.

Frühstück (*desayuno*)	$ 1.900/US$ 4,50
Mittagessen (*almuerzo*)	$ 3.200/US$ 7,50 (auch zum Mitnehmen)
Abendessen (*cena*)	$ 4.300/US$ 10

  Alle drei Mahlzeiten (*Pension completa*) für $ 8.900/US$ 21; plus Übernachtung (*Refugio y Pension*) komplett für $ 16.000/US$ 37,50.

- Ausrüstungs-Vermietung

Schlafsack (*saco de dormir*)	$ 1.300/US$ 3
Zelt (*carpa*)	$ 2.500/US$ 6
Isomatte (colchoneta)	$ 650/US$ 1
Kocher (anafe)	$ 850/US$ 2

- Transport in den Park $ 4.000/US$ 8 einfach. Hin und zurück $ 7.500/US$ 17,50.

- Fantástico sur-Unterkünfte: Hostería Las Torres: Doppelzimmer US$ 176, ein Menü (*almuerzo* und *cena*) kostet US$ 25. Eine Übernachtung in den Refugios Las Torres oder Los Cuernos kostet $ 7.500; im Refugio Chileno $ 6.000. Das Campen auf den Plätzen Las Torres, Chileno und Los Cuernos kostet einheitlich $ 1.700.

Frühstück (*desayuno americano*)	$ 3.000
Frühstück (*desayuno continental*)	$ 2.000
Menü (*almuerzo*)	$ 4.200
Suppe und Nachspeise (*sopa y segundo*)	$ 5.300
Pension completa	$ 11.500 pro Person.
Refugio y Pension	$ 18.500 pro Person.
Camping	$ 2.000 pro Person.

Ausrüstungs-Vermietung

Schlafsack (*saco de dormir*)	$ 2.400
Zelt (*carpa*)	$ 4.700
Isomatte (colchoneta)	$ 1.200
Kocher (anafe)	$ 1.400
Lampe (lámpara)	$ 1.400

Es ist möglich, mit einem Minibus von der Hostería bzw. vom Refugio Las Torres zum Eingang Guarderia Laguna Amarga für $ 1.500 zu fahren. Die Abfahrtszeiten liegen so, daß Sie den 16:00 Uhr-Bus nach Puerto Natales erreichen.

Buchen können Sie Ihr Bett in der Hostería Las Torres oder in den Refugios von *Fantástico sur* unter ☎ 61/226054, FAX 61/222641.

Bei Fantástico sur und Andescape können Sie auch Pferde mieten und zu den Refugios reiten.

Baqueano Zamora hat die Stallungen in der Nähe der Parkverwaltung und führt Reitexkursionen im Nationalpark durch. Informationen im Büro in der Nähe der Parkverwaltung, ☎ 412911 in Puerto Natales oder ☎ 691932 in Cerro Castillo.

Los geht's

Den Tag mit der Bus- und Fährfahrt von Puerto Natales zum Refugio Pehoé möchte ich nicht als ersten Etappentag zählen.

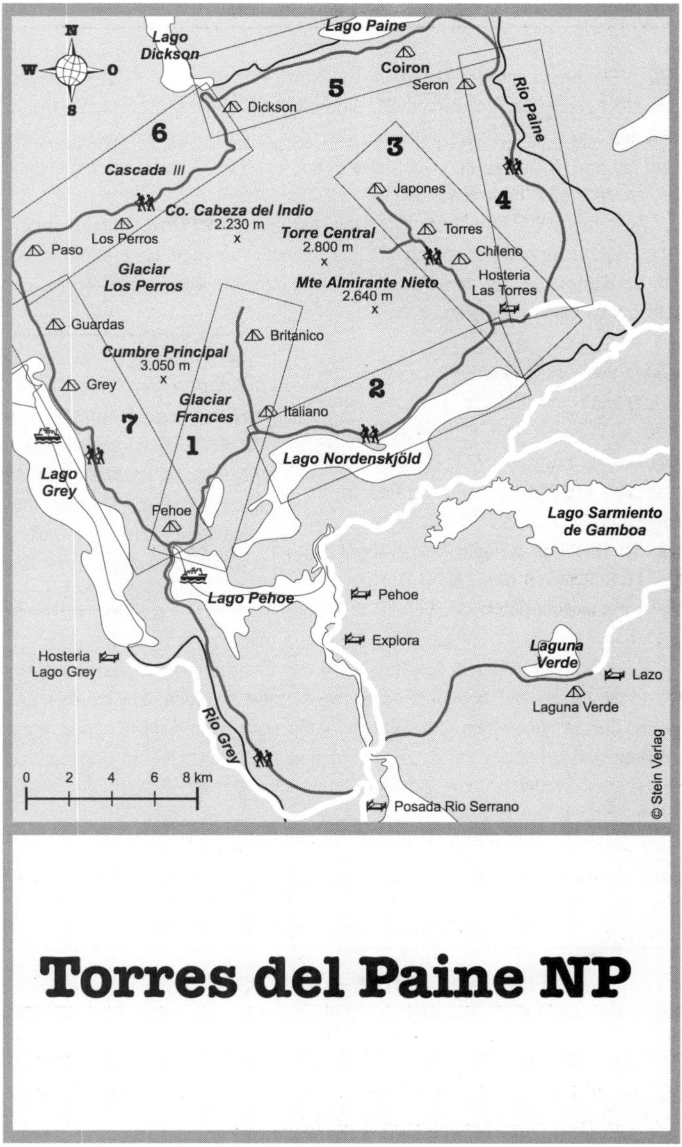

Torres del Paine NP

🚌 Die Busse von "JB" fahren in der Arturo Prat 258, ☏ + FAX 412824, um 8:00 gegenüber der Kirche ab. Sie verkehren ohne Abstecher zur Cueva Milodón direkt zum Park, und zwar über den Eingang Laguna Amarga. Dort sind sie um 10:00, an der Guarderia Pehoé um 11:00 und an der Endstation, an der Conaf-Parkverwaltung, um 12:30.

Zwischen 7:30 und 9:00 sind viele Minibusse in Puerto Natales unterwegs. Die Touranbieter sammeln die Reisenden vor den Unterkünften ein, um sie dann meist mit dem Abstecher zur Cueva Milodón in den Torres del Paine Nationalpark zu bringen.

⛴ Von der Guarderia Pehoé zum Fähranleger am Refugio Pudeto sind es 500 m Fußweg. Die Fähren von *Lancha Tzonka* (B. Encalada 971 in Puerto Natales, ☏ 412174) legen von Pudeto zu folgenden Zeiten ab: 9:00, 13:00 und 15:.30 Uhr. Am Refugio Pehoé legen sie um 10:30, 14:30 und 18:00 Uhr ab. Die Fahrt hin und zurück kostet $ 12.000.

Reservierungen können auch bei Andescape, Pedro Montt 308 in Puerto Natales, ☏ 412592, vorgenommen werden oder rechtzeitig in den bewirtschafteten Refugios, die alle untereinander mit Funk verbunden sind und Ihren Reservierungswunsch weiterleiten.

Zwischen der Ankunft des Busses an der Guarderia Pehoé und der Abfahrt der Fähre vom Refugio Pudeto liegen zwei Stunden. Die können Sie prima nutzen, um einen 20minütigen Fußmarsch zum Salto Grande, dem größten Wasserfall des Parks, zu unternehmen. Er ist auch vom Boot aus zu sehen.

1. Etappe: Refugio Pehoé ⇧ 70 - Campamento Británico ⇧ 760 m

- ♦ Refugio Pehoé, 34 Plätze, ⇧ 70 m, 🛏 🚿 ✕ — Andescape
- ♦ Camping Pehoé, 30 Plätze, ⇧ 70 m, 🚿 ⛺ — Andescape

Beginnen Sie mit einer etwas kürzeren und nicht zu anstrengenden Etappe, die nur etwa 10 km lang ist und für die Sie etwa 4 Std. benötigen. Es geht zwar von 70 m Höhe am Refugio Pehoé bis auf 760 m am Etappenziel hoch,

Das Refugio Pudeto Ende September

Nur 14 Tage später: das Refugio Pehoé im Schnee

doch da Sie den ganzen Tag für die Strecke Zeit haben, artet es nicht in größere Anstrengungen aus.

Das Campamento Británico liegt in einem der schönsten Täler des Parks, im Valle del Francés (Französisches Tal). Rechts wird das Tal von den steil aufragenden *Cuernos* (Hörnern) begrenzt, links vom Cerro Paine Grande, mit 3.050 m der höchste Berg des Parks. An seiner Südostseite fließt der Glaciar Francés, an dem der Weg vorbeiführt, ins Tal.

Vom Refugio Pehoé haben Sie eine prima Aussicht auf den Cuerno Principal (2.600 m) und den Punta Bariloche (2.600 m), die zusammen den Eingang ins Französische Tal bilden. Der Weg führt bis zum Fähranleger am Ufer des Lago Pehoé entlang.

Danach geht es über eine kleinere Hügelkette, die sich zwischen den Lago Pehoé und den Lago Skottsberg schiebt. Kleinere Bäche, die über den Weg fließen, überfluten ihn ab und zu. An Vegetation können Sie in diesem Abschnitt mannshohe Sträucher mit dazwischen wachsenden Gräsern sehen. In den Zweigen der Bäume sind einige Vögel, wie der Cordillerenämmerling (*Fringilo Cordillerano*) oder die Morgenammer (*Chincol*) zu beobachten.

Kurz vor Erreichen des Lago Skottsberg (½ h) haben Sie von einem Hügel aus einen schönen Ausblick über den See und die dahinter liegenden *Cuernos*: es sind die Cuernos Principal (2.600 m), Este (2.200 m) und Norte (2.400 m). In diesem Wegabschnitt bläst sehr oft ein kräftiger Wind, der die Oberfläche des Lago Skottsberg regelrecht zum Brodeln bringt.

Am Westufer des Sees geht es eine halbe Stunde weiter, bis der Weg durch ein kleines Wäldchen und über eine Geröllmoräne führt. Hinter einem kleineren Hügel hören Sie jetzt das Rauschen des Río del Francés, und Sie sehen links ein Stück vom Eis des *Glaciar Francés*. Bis zum Ufer des Río del Francés geht es durch ein Waldstück mit nicht sehr großen Bäumen. Als ich im Oktober 1998 nach 2 Stunden am Ufer des Flusses angekommen war, gab es keine Brücke. Ein Unwetter im März hatte den Fluß so ansteigen lassen, daß die Wassermassen die Hängebrücke weggerissen hatten. Ohne Brücke war es in diesem Bereich riskant, das Geröllfeld und den Fluß zu überqueren, da er reichlich Wasser führte. Es wird aber wieder eine neue Brücke errichtet. Ich mußte weiter flußaufwärts gehen, um den Fluß in einem flacheren Teilstück zu überqueren.

Der 3.050 m hohe Cumbre Principal steigt gewaltig vor einem auf. In seinen oberen Regionen hängen Eisplatten an steil abfallenden Wänden sehr bedrohlich nach unten. Wenn Teile von ihnen herabstürzen, geschieht das mit einem gewaltigen Donnern. Das Eis des Gletschers ist im unteren Bereich am Fuße des Berges mit schwarzem Sand und Steinen bedeckt, die der Wind aus den Felswänden des Cerro Paine Grande gelöst hat.

Der Paine Grande ist mit 3.050 m der höchste Berg im Torres del Paine Nationalpark. Er hat insgesamt vier Gipfel und besteht aus Sedimentgestein. Auf ihm befinden sich mehrere Hängegletscher, die durch ganzjährigen Schneefall gebildet werden. Der bekannteste von ihnen ist der Glaciar Francés, der ein Sekundärgletscher ist (Gletscher aus dem Eiswurf von Hängegletschern).

Der Berg hat unter Abenteuerbergsteigern schon einige Opfer gekostet: gleich bei der ersten Expedition im Jahr 1954 wurden zwei Argentinier unter einer Lawine begraben. 1955 versuchte eine chilenische Expedition ihr Glück. Die Truppe von Eduardo Meyer bezwang den südlichen Gipfel (Punta Bariloche, 2.600 m) und

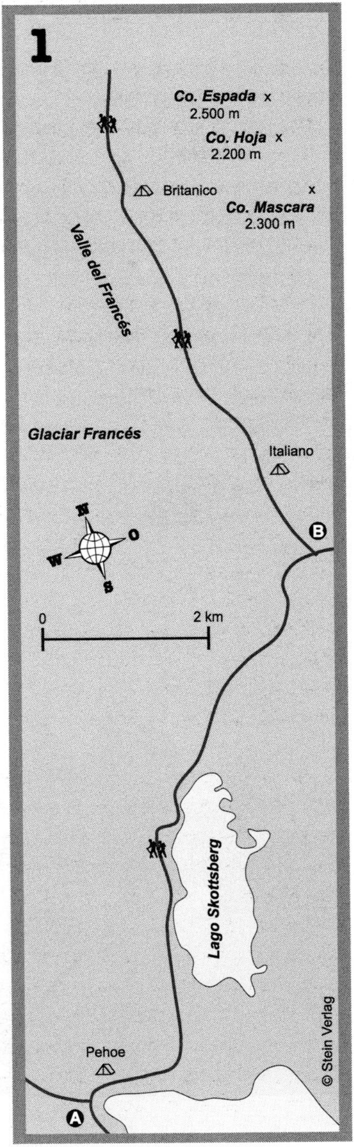

den mittleren Gipfel (Cumbre Central, 2.730 m). Erst zwei Jahre später, 1957, gelang es zwei Italienern aus der Expedition von Guido Monzino, den Hauptgipfel Cumbre Principal zu erklimmen.

Nach der Flußüberquerung steigt der Weg auf der anderen Seite erst einmal steil bergauf. Er führt jetzt durch ein Waldstück, das immer wieder durch kleinere *Quebradas* (Flußtäler) unterbrochen wird.

Der gesamte *Circuito* ist mit orangenfarbenen Wegmarkierungen versehen.

Das **Campamento Italiano** ist ein zweigeteiltes Camp, 100 m hinter dem ersten Teil folgen weitere Zeltflächen. Es ist sehr beliebt, da man von hier, nur mit einem Daypack ausgerüstet, das Tal in einem Tag durchlaufen kann.

♦ Campamento Italiano, 10 Plätze, ⇧ 230 m, rustikal Conaf/gratis

Der Weg steigt hinter dem Camp auf einer Seitenmoräne des Gletschers steil an. Er verläuft oberhalb des Río del Francés. Der Blick auf den Gletscher ist beeindruckend.

Campingplatz am Lago Pehoé mit den Cuernos im Hintergrund

Naturschauspiel "Alpenglühen" bei den Cuernos

Bricht Eis vom Gletscher ab, wird das von einem lauten Krachen begleitet, das zwischen den Bergen hallt. Die steilen Wände der *Cuernos*, die einige hundert Meter senkrecht in den Himmel ragen, wirken trotz ihrer Schönheit bedrohlich.

An den Cuernos del Paine (Hörner) können Sie sehr schön das Eindringen von Granitgestein (ockerfarben) in das darüberliegende Sedimentgestein (dunkel) erkennen. Auf jedem der Gipfel thront eine schwarze Kappe, was sie einzigartig auf der Welt macht. Der Granit (hell), der sich unterhalb des Sedimentgesteins befand, wurde durch die Erosion der Gletscherzungen vom umliegenden Gestein freigelegt, die das Gebiet im Pleistozän bedeckten. So entstanden diese einmaligen Formen.

Es ist noch gar nicht so lange her, daß die *Cuernos* erstmalig von Bergsteigern bewältigt wurden: 1968 bezwang eine chilenische Expedition unter der Leitung von Eduardo Garcia den Cuerno Principal (2.600 m) und Ende 1971 erklommen zwei Südafrikaner den Gipfel des Cuerno Norte (2.400 m).

Nach etwas mehr als 3 Stunden, auf einer Höhe von etwa 500 m, erreichen Sie wieder den Río del Francés, der spektakulär mit enormem Getöse durch einen Canyon schießt. Ein schöner Platz für eine kleine Rast.

Etwa eine halbe Stunde später ist der Wald zu Ende und es schließt sich eine weite, grasbewachsene Ebene an. Der Weg wird auf der Ebene sehr matschig. Da keine Bäume vor dem Wind schützen, kann der weitere Weg etwas anstrengend werden, da der Wind natürlich von vorne kommt.

Auf der rechten Seite des Weges kommen die Zacken der sehr schönen Berge Cerro Hoja (2.200 m) und Cerro Espada (2.500 m) ins Bild. Bei ihnen fehlt allerdings die schwarze Kappe. Weitere kappenlose Zinnen folgen, die die Ostseite des Tales wie eine Schloßmauer aussehen lassen. Der Weg wird am Talende durch die Berge Punta Catalina (2.000 m) und Cerro Aleta de Tiburón (1.717 m) begrenzt. Zu ihren Füßen liegen zwei kleinere Lagunen, die Sie vom Campamento Británico prima erkunden können.

Nachts kann es auf der Höhe von 750 m auch im Sommer empfindlich kalt werden, selbst Schneefall ist da keine Seltenheit.

♦ Campamento Británico, 10 Plätze, ⇧ 760 m, rustikal Conaf/gratis

2. Etappe: Campamento Británico ⇧ 760 m - Refugio Las Torres ⇧ 100 m

Etwa 18 km sind bei dieser Etappe zurückzulegen, für die Sie ca. 9 Std. benötigen. Der höchste Punkt der Strecke zwischen dem Campamento Italiano und dem Refugio Las Torres liegt etwa 230 m hoch und ist nach der Hälfte des Weges erreicht.

Dieser Abschnitt ist für mich die "Kondor-Etappe": Die Zahl der Kondore und Aguilas (Adler), die hier umherfliegen, ist überwältigend. Der Grund ihrer zahlreichen Anwesenheit ist wohl, daß viele Hasen in diesem Bereich zwischen den Sträuchern und Bäumen umherhoppeln.

Die Bänderspechte (*Pitio, Pitigüe*) können Sie in den kleinwüchsigen Bäumen entlang des Lago Nordenskjöld beobachten. Mangels großer Bäume bauen sie ihre Nester auf dem Boden. Magellangänse (*Caiquén*) können Sie auf den kleinen Seen am Ende des Weges, kurz vor der Hostería Las Torres, sehen.

Der Weg vom Campamento Británico zurück zum Campamento Italiano muß nicht extra beschrieben werden, da Sie diesen Abschnitt ja auf der letzten Etappe in die andere Richtung gegangen sind. Da es prima bergab geht, schaffen Sie es bis zum italienischen Camp in wesentlich kürzerer Zeit - in maximal 2½ Std.

Unterhalb des Campamento Italiano finden Sie ein Schild mit der Aufschrift "Sendero Paso de los Cuernos". So wird der Abschnitt zwischen dem Campamento Italiano und dem Refugio Las Torres genannt. Erst geht es über matschige Wiesen direkt unterhalb des Cuerno Principal mit seiner breiten, fast 1.500 m steil emporragenden Felswand, zum ersten zu überwindenden Hügel. Die orangefarbenen Wegmarkierungen fehlen in einigen Bereichen, so daß es einige Male kleinere Orientierungsprobleme geben kann.

Oben vom Hügel haben Sie einen tollen Ausblick über den Lago Nordenskjöld. Leider geht es danach wieder bergab bis ganz an das Seeufer zu einer kleinen Kiesbucht, in deren Nähe das Refugio sowie Camping Los Cuernos liegen. Die Anlage erreichen Sie etwa 1½ Std. nach Passieren des Campamento Italiano.

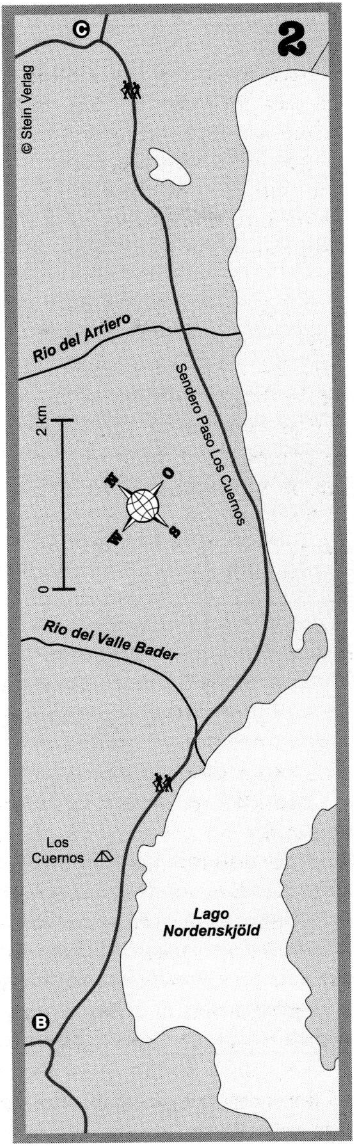

- Refugio Los Cuernos, 32 Plätze, ⇧ 90 m, 🛏 🚿 ✕ — Fantástico sur
- Camping Los Cuernos, 10 Plätze, ⇧ 90 m, 🚿 — Fantástico sur

Der Ausblick auf den Cerro Paine Grande ist beeindruckend, wie auch der Blick auf die senkrechte Wand des Cuerno Principal, direkt oberhalb des Refugios. Das Refugio wurde 1997 errichtet und steht auf dem Privatgrundstück der Hostería Las Torres.

Der Sendero Paso de los Cuernos, der Abschnitt zwischen dem Valle del Francés und dem Valle Ascencio, ist noch nicht sehr lange Teil des *Circuito Torres del Paine*. Lange Zeit führte der Weg vom Refugio Pehoé zwar ins Valle del Francés, doch von da aus mußten die Trekker über Pehoé südlich zur Parkverwaltung wandern, um von dort mit dem Bus zum Eingang Laguna Amarga zu gelangen. In älteren Karten ist dieser Abschnitt auch gar nicht als Wanderweg eingezeichnet. Auch das Refugio Los Cuernos sowie das 1998 errichtete Refugio Chileno im Valle Ascencio sind nicht in allen Karten eingezeichnet.

Im Refugio Los Cuernos können Sie sich nach den bis hier insgesamt etwa 3½ bis 4 Std. Fußmarsch mit einer warmen Mahlzeit verwöhnen lassen.

☺ *Auf der gesamten Etappe ist es nicht nötig, eine Wasserflasche ständig gefüllt mitzuführen, da in angenehmen Abständen immer wieder kleinere und größere Bäche den Weg kreuzen. Das Wasser können Sie ohne Bedenken trinken, es ist nicht verschmutzt. Es birgt allerdings ein anderes Problem: Haben Sie es getrunken, bekommen Sie immer mehr Durst. Der Grund ist: Das Wasser ist absolut rein, es enthält keinerlei Mineralien. Das bewirkt, daß der Mund nach kurzer Zeit trocken wird, und das Gefühl, etwas trinken zu müssen, kehrt schnell wieder.*

Gegen den trockenen Mund können Sie etwas unternehmen: Nehmen Sie einen kleinen Stein aus dem Bach und stecken Sie ihn in den Mund. Er gibt Ihnen das Gefühl, einen feuchten Mund zu haben. Oder Sie füllen das Wasser in Ihre Trinkflasche und fügen etwas Salz hinzu. Wenn Sie welche dabei haben, tut es natürlich auch eine Mineral- oder Multivitamintablette, was geschmacklich wesentlich angenehmer ist. Es ist wichtig, den Mineralhaushalt immer wieder auszugleichen, da Sie über den Schweiß einiges verlieren.

Hinter dem Refugio Los Cuernos geht es weiter am See entlang, wobei einige kleine Bäche überquert werden müssen. Nach etwa 4½ Std. folgt ein etwas größerer, reißender Fluß, über den keine Brücke führt. Vorsicht beim Überqueren! Meistens finden Sie irgendwo einen Baumstamm, über den Sie zum anderen Ufer balancieren können.

Der Cerro Espada und Cerro Hoja durch das Valle Bader gesehen

Danach führt der Weg bergauf und vom See weg. Die Aussicht von oben ist wieder atemberaubend: Zurückblickend sehen Sie den Eingang des Valle del Francés mit den Bergen rechts und links. Beim Blick über den Lago Nordenskjöld zum anderen Ufer hinüber, sehen Sie sehr schön die Gebirgsfaltungen an den steil aus dem See ragenden Felsen. Und natürlich nicht zu vergessen: die *Cuernos* über Ihnen, die in voller Größe zu sehen sind.

Und immer wieder mal in den Himmel schauen: sowohl der Kondor als auch der Aguila schweben auf dem folgenden Abschnitt zwischen dem Lago Nordenskjöld und dem Paine-Massiv durch die Lüfte. Die Thermik erlaubt es ihnen, sehr lange und ohne auch nur einmal mit den Flügeln zu schlagen, durch die Lüfte zu gleiten.

Es ist ein majestätischer Anblick, einen Kondor mit seiner enormen Spannweite bei seinem Gleitflug zu beobachten.

Wenn Sie ein Fernglas dabeihaben, betrachten Sie einmal die Felswände näher: Die weißen Stellen in der Felswand sind Guano-Ablagerungen, dort nistet er. Das Kondorweibchen legt nur alle zwei Jahre ein Ei. Das Kondormännchen hat einen roten Kamm auf dem Kopf, sie nicht. Beide Geschlechter haben eine weiße Halskrause und der Kopf ist federlos. Der Kondor ist Aasfresser und um seinen Hals besser sauber zu halten, hat ihm die Natur in dem Bereich keine Federn verpaßt.

Ein schöner Ausblick bietet sich dort, wo Sie die Cuernos Principal und Este parallel nebeneinander sehen können - der steile, im unteren Bereich wunderschön geschwungenen Übergang zwischen den beiden Hörnern ist eine Augenweide.

Der Weg schlängelt sich nun zwischen Felsen hindurch und überquert einige kleinere Bäche. Vor einer kleinen Schlucht ist der höchste Punkt der Etappe erreicht.

Hinter der Schlucht haben Sie nach rechts einen Ausblick auf zwei hintereinander liegende Seen: der mit türkisfarbenem Wasser gefüllte Lago Nordenskjöld liegt direkt zu Ihren Füßen und dahinter folgt das Grün der weich geformten, welligen Berge, zwischen denen Sie ein kleines Stück des Lago Sarmiento mit seinem tiefblauen Wasser erkennen.

Das Wetter in diesem Abschnitt ist der krasse Gegensatz zu den häufig herrschenden Witterungsbedingungen im Valle del Francés: Sonnenschein, der die Luft so sehr erwärmt, daß Sie ohne weiteres, nur mit einem T-Shirt bekleidet, wandern können. Das ist das faszinierende am patagonischen Wetter: An einem Tag ist es bitterkalt und am nächsten Tag, in einem anderen Abschnitt des Parks, steigen die Temperaturen schnell an die 20°-Grenze heran.

Bevor Sie vom Valle Bader in die kleine Schlucht eintauchen, sollten Sie noch einmal einen Blick auf die *Cuernos* werfen, denn ab jetzt bleibt Ihnen der Blick auf sie verwehrt.

Hinter der kleinen Schlucht geht es bergab, um danach ein weiteres Mal auf die Höhe von 230 m anzusteigen. Ein steileres Bergabstück auf losem Geröll folgt. Die Höhe des Weges ist bedingt durch den Monte Almirante Nieto, dessen Ausläufer in diesem Abschnitt bis an den See heranreichen. Sie fallen steil in den Lago Nordenskjöld ab, was ein Wandern am Seeufer unmöglich macht.

Der Monte Almirante Nieto besteht aus zwei Hauptgipfeln, von denen der höhere 2.668 m mißt; die andere Spitze bringt es auf 2.640 m. Sein Aufbau gleicht dem der *Cuernos*, nur hat er nicht dieses spektakuläre Aussehen. Er hat in geschützten Gipfelregionen kleine vergletscherte Stellen, die sowohl dem Hänge- als auch dem sekundären Gletschertyp angehören.

Bergsteigertechnisch gesehen ist der Monte Almirante Nieto der am leichtesten zu bezwingende Berg, da er den niedrigsten Schwierigkeitsgrad aufweist. Er wird auch am häufigsten von Bergsteigern aufgesucht und ist über Wanderwege gut zu erreichen. Die Erstbesteigung gelang einer deutschen Expeditionsgruppe unter Hermann Teufel und Stephan Zuck 1937, die ihn nach einem Admiral Nieto benannten.

Es folgt ein größeres Geröllfeld, das von einem Fluß durchzogen wird. Die Überquerung bereitet keine Probleme. Wieder eine gute Gelegenheit, etwas zu trinken. Danach verläuft der Weg wellig oberhalb des Lago Nordenskjöld weiter bis zu dessen Ostende, von wo sehr schön der Zufluß des Río Paine in den See zu erkennen ist. Sein Wasser ist milchiger, und die Mündung ist etwas versandet.

Wenn Sie einmal innehalten und lauschen, merken Sie, daß es fast totenstill ist. Nur ab und an ist das Zwitschern eines Vogels zu hören oder das leise Rauschen eines kleinen Baches. Manchmal hören Sie ein bedrohliches Rauschen, das von oben herunter hallt. Es ist zu hören, wenn der Wind so heftig durch die Gipfel fegt, daß er an den scharfen Felskanten dieses Geräusch erzeugt.

Vom Ende des Lago Nordenskjöld sind es bis zum Refugio Las Torres eine gute Stunde Fußweg, mit der Tendenz bergab. Es geht vorbei an einer kleinen Lagune, wo sich einige Caiquén (Magellangänse) tummeln. Es ist in diesem Bereich je nach Niederschlagsmenge ein wenig matschig.

Hinter dem Wegweiser, der ins Valle Ascencio und zu den drei berühmten Torres weist, folgt eine Hängebrücke über den Río Ascensio.

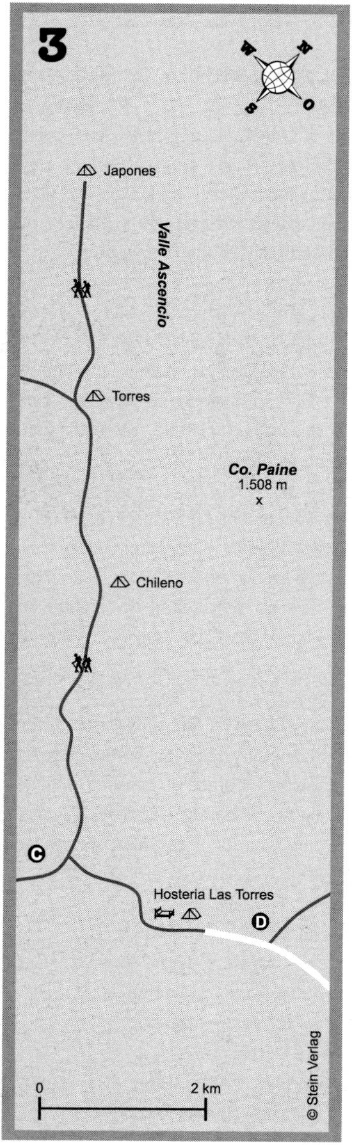

Kurz darauf ist die Hostería Las Torres erreicht. Einige hundert Meter weiter folgt das Refugio und der Campingplatz Las Torres. Vom Refugio aus können Sie die drei Torres bei gutem Wetter sehen.

- Refugio Las Torres, 34 Plätze, ⇧ 100 m, Fantástico sur.
- Camping Las Torres, 40 Plätze, Fantástico sur.

Das Gelände, auf dem die Hostería und das Refugio stehen, ist Privatgelände. Es war früher eine Estanzia mit großen Schafherden, dessen heutiger Besitzer sich fast ausschließlich auf den Tourismus konzentriert und die Schafzucht gänzlich vernachlässigt hat. Es weiden auch noch einige Rinder in der Nähe des Campamento Serón.

Auf dem Gelände laufen auch über 20 Pferde umher, von denen Sie sich eines für einen Ausritt mieten können. Angeboten werden Exkursionen entlang des Sendero Paso los Cuernos bis zum Valle del Francés, zur Laguna Azul, zum Base de las Torres del Paine und zum *mirador* (Aussichtspunkt) Nordenskjöld, der auf der Seeseite gegenüber liegt.

Spiegelbild des Monte Almirante und der Cuernos

Hängebrücke am Eingang ins Valle Ascencio auf dem Weg zu den Torres

Im Refugio Las Torres können Sie sich mit warmen Mahlzeiten verwöhnen lassen. Selbstverpflegung ist natürlich auch gestattet. Auch das Anmieten von Ausrüstung, wie Zelt, Schlafsack und Isomatte ist möglich.

Das Refugio Las Torres ist ebenfalls ein guter Ausgangspunkt, um den *Circuito* zu beginnen. Ich halte das Refugio Pehoé allerdings für etwas günstiger, da Sie bis dorthin die atemberaubende Straße durch den Nationalpark fahren können.

3. Etappe: Abstecher Refugio las Torres ⇧ 100 m - Torres ⇧ 910 m

Als "Königsetappe" werden bei Radrennen eigentlich immer die längsten Etappen bezeichnet. Entlang des *Circuito* ist der Aufstieg zu den Torres nicht der längste Tagesabschnitt und auch die höchste Stelle wird nicht passiert, doch von der Attraktivität her ist es das Highlight eines jeden Besuches in diesem einzigartigen Nationalpark. Darum ist es für mich die "Königsetappe".

Als Tagesetappe mit Anfang und Ende am Refugio Las Torres ist es gepäckmäßig eine angenehme Etappe, da Sie das Ganze mit einem Daypack wandern können. Der Aufstieg zum Fuß der Torres hat es in sich, denn einige heftige Steigungen sind zu bewältigen.

Sie benötigen etwa zwischen 4 und 5 Std. vom Refugio bis zum Fuß der Türme. Dort sollten Sie etwas verweilen, bevor Sie den Rückweg antreten. Der ist allerdings um einiges leichter, da es fast nur bergab geht.

Etwa 8 bis 9 Std. werden Sie insgesamt auf den Beinen sein, ohne die Pause an den Torres eingerechnet. Das bedeutet, daß Sie nicht zu spät aufbrechen sollten. Sie können natürlich auch unterwegs im Refugio Chileno mit nahegelegenem Campingplatz übernachten. Auch das Campamento Torres (ohne jeglichen Service) am unteren Ende der Steinmoräne, auf der es steil zu den Torres hinaufgeht, bietet sich für Übernachtungen an. Von dort können Sie mit einem Daypack früh morgens zum *mirador* aufsteigen, um die Torres von der aufgehenden Morgensonne rot angestrahlt zu sehen.

Der Weg bis zum Camp Torres ist mit dem großen Rucksack wirklich anstrengend. Bei meinem ersten Besuch im Torres del Paine Nationalpark hatte ich oben an der kleinen Gletscherlagune übernachtet, um die drei Torres beim Sonnenaufgang zu erleben. Gerade das letzte Stück war eine ordentliche Plackerei.

Bis zum Wegweiser mit der Aufschrift "Torres del Paine" geht es auf dem Weg der gestrigen Etappe wieder zurück (etwa 15 Min.). Danach folgt das erste Stück bergauf und es geht stellenweise sehr steil auf etwas über 500 m hoch. Der kräftige Wind, der in dieser Ecke eigentlich immer weht, kommt wie immer von vorne. Das kann sehr lästig sein, besonders wenn er den Sand des Weges aufwirbelt. Oben angekommen, haben Sie einen Blick voraus in das schmale Ascencio-Tal. Der Blick zurück schweift über das Ostende des Lago Nordenskjöld. Beim Blick Richtung Osten sehen Sie den Cerro Guido, der allerdings nicht innerhalb der Parkgrenzen steht. Seine spitze Form fällt am Horizont sofort auf.

Links des Weges ragt der Monte Almirante Nieto 2.640 m in die Höhe, der mit dem auf der gegenüberliegenden Flußseite 1.508 m in die Höhe ragenden Cerro Paine das Tor in dieses Tal bildet.

Auf dem folgenden Abschnitt ist bei starkem Wind Vorsicht geboten: Der Weg ist sehr schmal, rechts geht es steil bergab und links steil aufwärts. Der Wind hat es mehrmals geschafft, mich von den Beinen zu holen, obwohl ich mit dem großen Rucksack bepackt war.

Unterhalb des schmalen Pfades schlängelt sich der Río Ascensio durch sein enges, steiniges Tal. Voraus können Sie das Refugio Chileno sehen, das direkt am Fluß liegt. Der Weg dorthin ist fast eben, stellenweise mit sandigen Untergrund und er geht sogar wieder etwas bergab. In unregelmäßigen Abständen folgen kleine Bäche, das bedeutet, daß keine großen Wasservorräte auf der Etappe transportiert werden müssen.

♦ Refugio Chileno, 34 Plätze, ⇧ 505 m,	Fantástico sur
♦ Campamento Chileno, 10 Plätze, ⇧ 505 m, rustikal	Conaf/gratis

Vom Refugio aus, das am Ostufer des Flusses auf einer Höhe von 505 m liegt und über eine Brücke erreicht wird, können Sie fast alle Spitzen der drei Torres sehen. Von der Westseite des Flusses, wo der Weg ansonsten die ganze Zeit verläuft, haben Sie nicht ein einziges Mal die Möglichkeit, die Torres zu sehen. Sie stehen etwas nach hinten versetzt und werden von anderen Bergen verdeckt. Bis zum Refugio Chileno benötigen Sie gut 2 Std.

Der Name Ascensio war der Name eines Diebes, der in dieser Gegend früher sein Unwesen trieb. Er stahl von den nahegelegenen Estanzias Schafe und zog sich mit seiner Beute in dieses Tal zurück, wo er sein Versteck hatte.

Hinter dem Refugio geht es ein Stück am Ufer des Río Ascensio entlang, vorbei an den angelegten Zeltplätzen, die nur aus ein paar ebenen Flächen bestehen und leider oft feucht sind.

Danach führt der Weg in den Wald, wo es ständig auf und ab geht, allerdings mit der Tendenz steigend. Auch in dem Waldstück findet man kleinere Bäche, die eine Wasserversorgung sicherstellen.

Der bewaldete Abschnitt hat den Vorteil, daß der Wind nicht angreifen kann. Im Wald ist allerdings nichts von den umliegenden Bergen zu sehen. Nur ab und an öffnet er sich, und Sie können sich ein wenig umschauen. Nach insgesamt 4 Std. erreichen Sie eine breite Felsmoräne, an deren Rand der Wegweiser mit der Aufschrift "Mirador 45 min" steht.

Das Refugio Chileno liegt direkt am Rio Ascensio

Die gewaltigen Torres im Spiel von Licht und Farbe

Über die Moräne geklettert, finden Sie gleich am Waldrand das **Campamento Torres** auf einer Höhe von knapp 700 m. Neben einigermaßen ebenen Zeltstellflächen wurde noch eine primitive Hütte errichtet, in der eine Feuerstelle installiert wurde. So können Sie den Brennstoff Ihres Kochers sparen. In einer privaten Hütte (*Conaf*) finden Sie auf der Rückseite eine Toilette. Ein kleiner Bach fließt auch vorbei: Herz, was willst du mehr.

♦ Campamento Torres, 10 Plätze, ⇧ 700 m, WC/rustikal Conaf/gratis

Wenn die Bäume noch keine Blätter tragen, können Sie vom Camp aus einen Blick auf die Spitzen der Torres werfen.

Die 45 Min. vom Wegweiser bis hoch zu den Torres sollten Sie nicht für bare Münze nehmen. Eine Stunde ist realistischer, besonders, wenn Sie unbedingt mit schwerem Gepäck zu den Torres wollen. Es geht zuerst zwischen der **Morrena Acarrea**, so der Name der Steinmoräne, und dem angrenzenden Wald aufwärts, immer an einem kleinen Bach entlang. Doch dann führen die orangefarbenen Wegmarkierungen direkt ins Geröllfeld hinein, und das Klettern beginnt.

Es ist nicht unbedingt nötig, genau den Markierungen zu folgen, jeder kann sich den für ihn geschicktesten Weg auf der Steinmoräne suchen.

Auf Dreiviertel des Weges können Sie die Torres nicht sehen, erst auf dem allerletzten Stück tauchen sie vor Ihnen auf - natürlich nur bei guter Sicht.

Als ich das erste Mal hier war, es war Mitte März, schien die Sonne beim Aufstieg, und die Torres waren komplett zu sehen. Ich übernachtete oben am Gletschersee, wo es in der Nacht schneite. Am nächsten Morgen waren die Torres in Nebel gehüllt. Ziemlich enttäuscht ging ich wieder hinunter.

Während des Abstiegs über das Geröllfeld drehte ich mich noch einmal um. Da sah ich die Türme plötzlich ganz zart durch den Nebel schimmern. Sofort bin ich eiligst wieder hochgeklettert. Oben angekommen, strahlten sie in einem wunderschönen warmen Gelbton in der Morgensonne vor blauem Himmel.

Die drei Felsnadeln Torres del Paine haben dem faszinierenden Park seinen Namen gegeben. Das Granitgestein gehört zu den Plutoniten, die aus großen Kristallen bestehen. Sie werden aus Magma gebildet, das in diesem Falle durch Verschmelzung und Auftrennung basaltischen Krustenmaterials entstanden ist. Diese ausgedehnten Granitmassive oder Plutone erscheinen durch Hebungsvorgänge und der nachfolgenden Erosion der sie bedeckenden Sedimente oder Methamorphgesteine an der Erdoberfläche. Unvorstellbar, daß diese Granitfelsen einmal bedeckt waren und Naturkräfte sie freigelegt haben.

Bei der Erstbesteigung der Türme machte sich wieder die italienische Expedition um Guido Monzino verdient, die bereits den Cumbre Principal, den höchsten Berg des Parks, als Erstbesteigung für sich verbuchen konnten. Sie erklommen im Januar 1958 als erste den Torre Norte (2.600 m), der auch den Namen Torre Monzino trägt. Erst im Januar 1963 gelang es einer britischen Expedition, den Torre Central (2.800 m) zu besteigen. Einen Monat später war es eine andere italienische Expeditionsgruppe, die die Spitze des höchsten der drei Torres, den 2.850 m hohen Torre Sur

Die Helligkeit des Torres Granits ermöglicht zu den unterschiedlichen Tageszeiten ein atemberaubendes Spiel von Licht und Farbe. Kein Wunder, daß die Torres del Paine zu einem der weltweit beliebtesten Fotomotive avanciert sind.

oder auch Torre De Agostini genannt, erreichte. Die senkrecht in den patagonischen Himmel aufragenden Felstürme sind auch heute für die besten Extremkletterer der Welt eine der größten Herausforderungen. Der ständige Steinschlag und die extreme Unbeständigkeit des Wetters haben viele Expeditionen zum Scheitern gebracht.

Als ich im Oktober im Park unterwegs war und natürlich auch zu den Torres hochwanderte, war die kleine Gletscherlagune komplett zugefroren. Auch ein unvergeßlicher Anblick!

Wie hoch die Türme über der Lagune aufragen, merken Sie erst, wenn Sie versuchen, sie zu fotografieren. Meist ist es nötig, die Kamera hochkant zu halten (je nach Objektiv), um die Lagune plus die Spitzen der Torres auf ein Bild zu bekommen. Der sich rechts anschließende Berg mit der breiten Wand ist der 2.243 m hohe **Cerro Nido de Condor** (Kondornest).

Die Berge auf der gegenüberliegenden Seite des Valle Ascencio erreichen um 1.500 m Höhe. Um diese Berge müssen Sie herum, wenn Sie Richtung **Refugio Dickson** weiter wandern.

Wenn Sie vor den drei Torres stehen, bekommen Sie den Eindruck, daß nicht der südliche Torre (der linke) der höchste der drei Türme ist, sondern der mittlere ihn um einiges überragt. Doch der Torre De Agostini ist etwas nach hinten versetzt, was den Größenvergleich erschwert. Auf alle Fälle ist es ein atemberaubender Anblick, den niemand so schnell vergißt.

In den Torres del Paine-Karten ist vom Campamento Torres aus ein Weg eingezeichnet, der weiter ins Tal hineinführt, und zwar bis zum **Campamento Japonese** (1 Std.), das am Beginn des Seitentals **Valle del Silencio** liegt. Dieses Camp dient hauptsächlich den Bergsteigern, die die Torres oder anderen Bergen am Ende des Tals erklimmen wollen, als Basislager. Sie steigen über die **Morrena Arenal**-Steinmoräne auf und erreichen die Türme von der Westseite. Der Weg bis zum Camp Japonese ist allerdings nicht so prickelnd. Der Weg bis zum Camp Torres und dann zu den Türmen hoch ist der übliche und auch absolut lohnendere Weg.

Der Rückweg von den Torres geht etwas schneller, Sie können ihn locker in 4 Std. bewältigen. Wenn Sie zurück am Refugio Chileno sind, setzen Sie sich so auf die Terrasse, daß Sie die Torres sehen können, denn auf dem weiteren Rundweg haben Sie nur noch ein einziges Mal die Gelegenheit, ihre Spitzen zu betrachten. Ansonsten ist es erst wieder möglich, sie beim Verlassen des Parks zu sehen.

4. Etappe: Refugio Las Torres ⇧ 100 m - Refugio Dickson ⇧ 195 m

Das ist eine Etappe von insgesamt 32 km Länge und etwa 10 Std. Dauer, aber nicht so schwierig, daß Sie es nicht an einem Tag schaffen könnten. Nach 14 km oder 4 Std. erreichen Sie das Campamento Serón. Nach weiteren 9 km folgt das Camp Coirón und noch einmal weitere 9 km sind es bis zum Refugio Dickson.

Vom Refugio Las Torres um den Park herum bis zurück zum Ausgangspunkt, zum Refugio Pehoé, ist es nun eigentlich nicht mehr nötig, Unmengen an Lebensmitteln mitzunehmen. An den jeweiligen Etappenzielen steht ein Kiosk mit den Wander-Grundnahrungsmitteln zur Verfügung. Die Preise sind nicht ohne, doch wenn man sieht, wie weit die Lebensmittel transportiert werden müssen, akzeptiert man sie. Das muß nun jeder mit sich selbst ausmachen, ob er für einen leichteren Rucksack bereit ist, etwas mehr für Lebensmittel zu bezahlen oder lieber die Schultern mit mehr Kilos belastet.

Diese Etappe ist von den Sehenswürdigkeiten her etwas anders geartet als die vorherigen Etappen. Es ist auf der ersten Hälfte mehr flaches Weideland zu sehen und weniger spektakuläre Bergformen.

Hinter der Steigung nach dem Camp Serón, wo Sie mit 500 m den höchsten Punkt der Etappe erreichen, ändert sich der Ausblick. Es folgt ein schöner Panoramablick über das obere Paine-Tal mit dem Lago Paine, dem Río Paine sowie dem Río de los Caiquenes, die beide in den Paine-See münden. Im Hintergrund können Sie die Moräne des Glaciar Los Perros (*perro* = Hund) schemenhaft erkennen sowie einige schneebedeckte Berge sehen. Die Berge am rechten Horizont befinden sich bereits auf argentinischem Boden und die Grenze ist sehr nah.

Der ständige Wind gibt die Richtung des Baumwuchses vor

Der Weg führt hinter dem Refugio Las Torres in nordöstliche Richtung ein kurzes Stück steil bergauf. Dann folgt eine Hügelkette, durch die der Weg immer wieder sachte auf und ab geht. Es kann stellenweise sehr matschig sein. Entlang eines Zaunes, der Grenze des Grundstücks zur Hostería Las Torres, erreichen Sie ein Waldstück.

In diesem Waldstück sind einige kleinere Bäche zu überqueren. Der Weg führt Sie leicht wellenförmig nach oben. Der höchste Punkt liegt in diesem Abschnitt bei 400 m und ermöglicht einen freien Blick über die in diesem Bereich hügelige Weite Patagoniens mit Weideland sowie über das Tal des **Río Paine** hinüber auf die andere Seite. Dort schimmert zwischen grünen Bergen hindurch das Wasser der **Laguna Azul**, deren Farbe, wie der Name es verrät, blau ist.

Haben Sie in den vorherigen Etappen die Kälte in den Tälern des Valle del Francés und Valle Ascencio gespürt, ist es in diesem Bereich um einiges wärmer. Auch unterscheidet sich die Vegetation von der in den Bergtälern:

Unten im breiten Tal des Río Paine sind die Wiesen im Sommer mit Margeriten übersät.

Bevor Sie von der Hügelkette in die Blumenwiesen am Río Paine eintauchen, erreichen Sie einen Aussichtspunkt, von dem Sie sehr schön sehen, wie sich der Fluß in kleineren Mäandern durch sein Tal schlängelt.

Der Pfad geht auf den letzten Metern steil bergab. Unten angekommen (Höhe etwa 130 m), trifft der Weg auf den **Sendero Circuito Grande**, der an der Laguna Amarga, am Parkeingang, beginnt. Nach Passieren eines Gatters liegt die Margeritenwiese vor Ihnen. Nun ist es noch eine Stunde bis zum Campamento Serón. Wenn Sie Pech haben und es die Tage zuvor ordentlich geregnet hat, ist die Wiese sehr matschig. An einigen Stellen wird sie von Bächen durchzogen, die gen Río Paine fließen. Sie sorgen leider dafür, daß es schon mal nasse Füße gibt (oder Sie ziehen jedesmal die Schuhe aus). Entlang der Bäche wachsen Baumreihen, unter denen im Sommer Kühe den kühlenden Schatten suchen. Sie werden von den **Huasos** betreut, die in der Hütte nahe des Camp Serón wohnen. Auch Caiquén-Pärchen tummeln sich auf der Wiese.

Der patagonische Wind kann einem das Wandern im Paine-Tal arg erschweren, er pustet einem kräftig ins Gesicht, wobei er auch im Sommer schneidend kalt sein kann. Ansonsten ist es ein sehr angenehmes Gehen, bietet sich einem mit den grünen Hügeln auf der Ostseite des Flusses sowie den knapp 1.500 m hohen Bergen links des Weges ein ganz anderes Bild des Parks, als es in den vorangegangenen Etappen zu sehen war.

Das **Campamento Serón** liegt wie alle Camps im Park an einem kleinen Bach. Da Kühe auf den Wiesen weiden, sollten Sie das Wasser nicht ungekocht trinken. Am besten ist, Sie holen sich Wasser vom nahegelegenen Farmhäuschen, wo auch Duschen und Toiletten für die Campbesucher installiert wurden. Das schön angelegte Campamento, das in einer kleinen Baumgruppe etwas windgeschützt liegt, hat auch Bänke an den Zeltplätzen. Wer von den 4 Std. Marsch genug oder schlechtes Wetter erwischt hat, der sollte im Camp Serón sein Zelt aufschlagen, denn das 3 Std. entfernte Camp Coirón besteht nur aus einer alten Wellblechhütte, die kurz vor dem Verfall ist.

♦ Campamento Serón, 10 Plätze, ⇧ 250, WC Conaf/gratis

Der *Circuito* führt vom Camp Serón aus am Farmhaus vorbei direkt zum Ufer des Río Paine. An seinem Ufer tummeln sich wieder *Caiquén* (Andengänse) sowie viele Enten. Hasen bevölkern die Böschungen und kleinen Hügel. Und wo es Hasen gibt, sind auch Raubvögel nicht weit.

Den Karakara (*Carancho, Taro*) oder den Chimango (*Tiuque*) können Sie oft auf den nicht gerade sehr großen Bäumen sitzen sehen. Bei Spaziergängen in der Abenddämmerung läuft Ihnen auch mal ein patagonisches Stinktier (*Chingue*) über den Weg.

Nach etwa einer Stunde angenehmer Wanderung auf der Ebene folgt ein Anstieg, der Sie zu einer kleinen Lagune führt, die auf einer Höhe von etwa 250 m liegt.

Vor Ihnen türmt sich ein Hügel auf, der so steil ist, daß der Weg hinauf in Serpentinen angelegt wurde. Oben angekommen, ist der höchste Punkt dieser Etappe mit 500 m erreicht.

Der Ausblick ist phantastisch: Unterhalb des Hügels liegt der Lago Paine, an dessen Ende die Einmündung des Río Paine und des Río de los Caiquénes sichtbar ist. Dahinter schließt sich ein

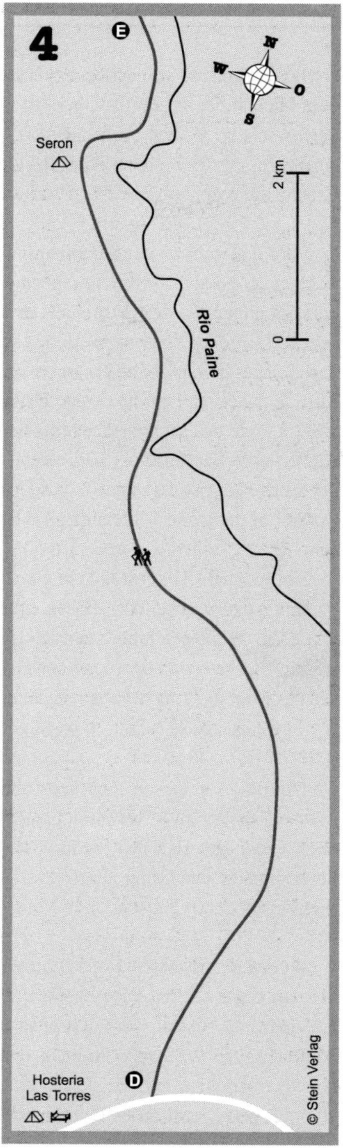

breites Tal an, das von schneebedeckten Bergen begrenzt wird. Am Horizont links können Sie mit etwas Glück das Eis und die Endmoräne des Glaciar Los Perros sehen, zu dem Sie der *Circuito* noch führen wird. Die schneebedeckten Berge auf der rechten Seite des Río Paine liegen jenseits der chilenischen Grenze auf argentinischem Territorium.

Vom Paß geht es nur ganz langsam wieder hinunter, so daß Sie die überwältigende Aussicht sehr lange genießen können. Das Wetter ändert sich ab dem Scheitelpunkt des Hügels oft: es wird um einiges rauher. Der Wind kann sehr kalt werden, denn hinter den schneebedeckten Bergen am Horizont liegt das *Campo de hielo sur*. Da ist es nicht verwunderlich, daß es immer kälter wird, je näher man an die riesige Eisfläche gelangt.

Am Ende des sachten Abstiegs, der parallel zum Lago Paine verläuft, folgt ein steileres Bergabstück, das einem einiges abverlangt. Mit dem Erreichen der Ebene (nach insgesamt 6 Std.) ist auch der See zu Ende und der Weg verläuft in der weiten Ebene des Río Paine-Tals weiter.

Auf weichem Untergrund, in einem Waldstück gelegen, kommt das Campamento Coirón in Sicht, das an einem kleinen Zufluß zum Río Paine liegt. Eine alte Wellblechhütte steht einigermaßen windgeschützt zwischen den Bäumen - der Neigungswinkel der Hüttenwände ist jedoch beängstigend, sie wird es wohl nicht mehr lange machen.

♦ Campamento Coirón, 6 Plätze, ⇧ 180 m, rustikal** Conaf/gratis

Obwohl es in diesem Abschnitt öfters regnet, ist das Holz der Bäume sehr trocken. Es ist zwar verboten, eigenmächtig ein Lagerfeuer zu entfachen, doch leider hält sich nicht jeder Camper an diesen Punkt der Parkordnung. So kommt es am Camp Coirón vor, daß unerlaubte Lagerfeuer die Bäume ringsherum durch Funkenflug in Mitleidenschaft gezogen haben.

Wegen des feuchten Untergrunds leben in dieser Ebene massenhaft Mükken, was das Zelten nicht gerade angenehm macht. Darum überlegt die Forstbehörde Conaf, das Campamento Coirón zu schließen. Das hat natürlich auch finanzielle Gründe, denn wenn die Wanderer hier nicht mehr nächtigen können, müssen sie weiter bis zum Refugio Dickson gehen, wo die Übernachtung, egal ob im Refugio oder auf dem Campingplatz, etwas kostet.

Die 7 Std. Fußmarsch zwischen dem Refugio Las Torres und dem Camp Coirón sind für einen Tag eigentlich sehr angenehm. Das Camp Serón mit der geringeren Entfernung von nur 4 Std. ist dagegen zu kurz für einen Tagesmarsch. Die 10 Std. bis zum Refugio Dickson sind dagegen eine ganze Ecke, auch wenn es überwiegend über flaches Gelände geht.

Wenn Sie sich zum Mittag auch noch etwas kochen möchten, sind Sie an diesem Tag lange unterwegs. Allerdings darf man nicht außer acht lassen, daß es so weit im Süden unserer Erdkugel besonders in den Monaten Dezember bis Februar sehr lange hell ist. Da haben die Tage bis zu 16 Stunden Tageslicht, was ein langes Wandern ermöglicht. Die wunderschöne Lage des Refugio Dickson belohnt Sie für diesen langen Fußmarsch.

Der *Circuito* verläuft vom Camp Coirón einige Zeit lang durch den immer lichter werdenden Buchenwald bis an einen breiten Bach, der durch ein Steinbett fließt. Ihren Blick sollten Sie einmal nach links oben lenken, denn dort sehen Sie zum vorerst letzten Mal die Spitzen von zwei der drei Torres. Auch der Cumbre Principal ist von der Rückseite zu sehen.

Die Hütten des Refugio Dickson

Entlang des folgenden Abschnitts ist es nicht weit her mit der Wegemarkierung. Es ist ein sehr feuchter Teilabschnitt, in dem nasse Füße unvermeidbar sind.

Falls keine orangefarbenen Markierungen zu sehen sind, eine kleine Orientierungshilfe: Nach Überquerung des Baches müssen Sie sich rechts halten. Vor sich können Sie bei gutem Wetter den **Glaciar Dickson** mit dem dahinter liegenden **Monte Cubo** sehen. Etwas weiter links und um einiges näher, sehen Sie zwei kleinere, nebeneinander stehende Hügel. Links von Ihnen steht ein kleiner, felsiger Hügel, den Sie in gebührendem Abstand zum Teil umrunden, um dann auf die beiden nebeneinander stehenden Hügel zuzugehen.

Der Weg wird nach einem Kilometer wieder trockener. Am Fuße der Hügel, die Sie etwa 2 Std. nach dem Camp Coirón erreichen, ist der Untergrund sehr morastig - was nach halber Umrundung des Hügels ein weiteres Mal der Fall ist.

Hinter der folgenden Ebene geht es einen Erdwall hoch, von wo Sie einen wunderschönen Ausblick auf den Monte Cubo mit dem Glaciar Dickson und seinem Gletschersee, dem Lago Dickson haben. Bei größeren Gletscheraktivitäten schwimmen vor der Landzunge Eisberge im Wasser. Der Glaciar Dickson ist ein Seitenarm des großen patagonischen Eisfeldes.

Direkt unterhalb des Erdwalls liegt eine Landzunge, auf der das **Refugio Dickson** und der **Campingplatz** von Andescape steht.

- Refugio Dickson, 32 Plätze, ⇧ 195 m, Andescape
- Camping Dickson, 30 Plätze, ⇧ 195, Andescape

Es liegt wunderschön am gleichnamigen See, über den Sie einen phantastischen Ausblick auf den Gletscher Dickson haben. Entgegengesetzt blicken Sie auf die Rückseite des Paine-Massivs. An der Westseite der Halbinsel schließt sich der **Río de los Perros** an, der oben vom Paso John Garner kommt und in den Lago Dickson mündet. Aus dem Südufer des Lago Dickson heraus tritt der Río Paine seinen Weg um das Paine-Massiv an.

Es geht auf dem Wall weiter bergauf, um dann in direkter Fallinie auf die Wiese zu stürzen. Wer sich beim Abstieg nicht auf den Hosenboden setzt, ist gut! Der Campingplatz liegt sehr windgeschützt hinter einem kleinen, baumbewachsenen Erdwall. An jedem Stellplatz gibt es Holztische und -bänke. Der Campingplatz ist in der Hochsaison stark frequentiert.

Zum See gibt es eine kleine "Steilküste", die in einen schmalen Sandstrandstreifen übergeht. Im März 1998 war von der über 5 m hohen "Steilküste" nichts mehr zu sehen. Enorme Regenfälle hatten in nur drei Tagen den See über den Erdwall treten lassen.

Die Aussicht von der Landzunge ist in alle Richtungen ausgezeichnet: Aus dem Paine-Massiv ragen einige sehr beachtliche Berge in die Höhe. Der für mich schönste Berg auf dieser Seite des *Circuitos* ist der 2.230 m hohe Cerro Cabeza del Indio, der Indianerkopf. Sie können ganz eindeutig das Profil eines Indianerkopfes mit weißem Stirnband erkennen. Der Berg besteht aus schwarzem Gestein und hebt sich gegenüber den hellen Granitfelsen um ihn herum sehr schön ab. Gleich links daneben steht der 2.240 m hohe Cerro Escudo (Schild/Wappen), der Cerro Tridente (Dreizack, 1.878 m) und der 1.697 m hohe Cerro Oggioni. Seine Südseite bildet das Ende des Valle Ascencio, dort wo das Campamento Japonese liegt und das kleine Seitental Valle del Silencio beginnt.

Rechts vom "Indianerkopf" können Sie den Punta Catalina sehen, der die Stirnseite des Valle del Francés bildet. Sie sehen, es liegt alles gar nicht so weit auseinander, nur ist der direkte Weg über die Berge nicht möglich.

Vom Ufer des Lago Dickson, dort wo der Río los Perros in den See mündet, haben Sie einen beeindruckenden Panoramablick auf den Glaciar Dickson und den dahinterliegenden Monte Cubo. In den drei Tagen, die ich am Lago Dickson verbrachte, habe ich den Berg nicht ein einziges Mal komplett gesehen, immer zogen Wolken um seinen Gipfel. Ab und zu schaute seine Spitze kurz durch die Wolkendecke hindurch, was sehr dramatisch aussah. Der Berg befindet sich genau an der chilenisch-argentinischen Grenze.

Vom Refugio Dickson wäre es ein Fußmarsch von ungefähr 12 bis 14 Std. bis zum Perito Moreno Gletscher, einer großartigen Sehenswürdigkeit auf argentinischem Boden. Doch leider gibt es keinen offiziellen Verbindungsweg zwischen den beiden Natur-Sehenswürdigkeiten. Es wäre eine phantastische

Sache, wenn beide Länder sich einigen könnten und einen Weg anlegen würden. Früher existierten Pfade der ehemaligen Estanzia-Besitzer, die ihre Schaf- und Kuhherden zu den Märkten Richtung El Calafate führten.

In dem kleinen Wäldchen auf der Landzunge fliegen einige Cachañas (Smaragdsittiche) umher. Ihr Gekreische ist von weitem zu hören. Der Cordillerenämmerling, der Chincol oder der Stachelschwanzschlüpfer sind ebenfalls in dieser Ecke des Parks beheimatet.

☺ Nach dieser langen Tagesetappe lohnt es sich, einen Ruhetag an diesem wirklich sehr schönen Flecken Erde einzulegen. Unterkunfts- und verpflegungstechnisch ist alles vorhanden: Ein Refugio mit 32 Betten in Mehrbettzimmern, ein gemütlicher Aufenthaltsraum mit Bollerofen sowie dem Service des Frühstücks, Mittag- und Abendessens. Für Camper stehen 30 Zeltplätze, ein Kiosk mit den nötigsten Lebensmitteln und Duschen zur Verfügung.

Das Weitergehen zum Glaciar Los Perros und über den Paso John Garner sollten Sie unbedingt vom Wetter abhängig machen. Es sind zwei wunderschöne Etappen mit einer Vielzahl an schönen Ausblicken, die es nicht verdient haben, bei schlechtem Wetter begangen zu werden.

5. Etappe: Refugio Dickson ⇧ 195 m - Campamento Los Perros ⇧ 635 m

Diese Etappe ist 10 km lang und führt fast nur durch dichten Wald angenehm sachte aufwärts. Da der Abschnitt nicht sehr schwierig ist, schaffen Sie ihn in gut 4 Std. Das ist zwar nicht lang für einen Tagesmarsch, doch am Camp liegt der Glaciar Los Perros, ein spektakulärer Gletscher, an dem es lohnt, etwas länger zu verweilen. Sie können ihn aus nächster Nähe betrachten, ganz anders als beim Glaciar Dickson.

Das nächste Camp nach Los Perros ist das 4 Std. entfernte **Campamento Paso**. Um es zu erreichen, müssen Sie über den **Paso John Garner**, der höchsten Stelle des *Circuitos*. Das Camp hat nichts zu bieten außer einem kleinen Bach mit frischem Wasser. Nicht einmal eine gute Aussicht auf den unterhalb liegenden Glaciar Grey, der von Bäumen verdeckt wird, ist möglich.

Da ist es die bessere Lösung, den kurzen Abschnitt zwischen Refugio Dickson und Camp Los Perros locker an einem Tag zu gehen, den Anblick des Gletschers zu genießen und am nächsten Morgen sehr früh aufzustehen, um an einem Tag bis zum Refugio Grey zu gehen. Das ist auch wegen des Wetters zu empfehlen, denn zur Mittagszeit ändert es sich über dem Paso gerne. Vom Refugio Dickson schaffen Sie es nicht, bis zur Mittagszeit am Paß zu sein.

Doch erst einmal müssen Sie zum Camp Los Perros gelangen. Vom Refugio Dickson führt der Weg zuerst ans Ufer des Río de los Perros. Nach einem 90°-Linksknick folgt gleich das erste Bergaufstück. Der Pfad verläuft im ersten Teil oberhalb des Flusses. Zu sehen ist er so gut wie nie, nur sein Rauschen ist durch die Bäume zu hören.

Während dieses ersten Anstiegs kommt ein kurzes freies Stück, von dem man auf den Lago Dickson mit dem gleichnamigen Gletscher sowie dem Monte Cubo blickt. Natürlich nur, wenn das Wetter mitspielt.

Guanakos sind mit den Lamas und Alpakas verwandt

Ich habe Trekker getroffen, die haben auf dem gesamten Abschnitt Lago Dickson - Lago Grey nichts gesehen, weil es ununterbrochen geregnet hat und die Wolken sehr tief hingen. Andere waren im chilenischen Winter hier, hatten ihren Rucksack nur mit warmer Kleidung vollgepackt, doch sie erwischten solch eine Schönwetterperiode, daß sie den Paso in kurzen Hosen und T-Shirt überquerten. Sie sehen, das Wetter schlägt in Patagonien gerne Kapriolen, weshalb es auch niemand wagt, eine längerfristige Wetterprognose aufzustellen - nicht einmal für die nächsten Stunden.

Ich hatte auf dem Weg zum Camp Los Perros nicht das beste Wetter: Fast den ganzen Tag regnete es, und am Glaciar Los Perros ging der Regen sogar in Schnee über. Da keine Blätter an den Bäumen hingen, bot mir der Wald keinen Schutz. Stehen die Bäume aber in vollem Laub, bilden sie einen überdimensional großen Regenschirm. Dennoch ist der Waldboden sehr feucht, denn auch die Sonne kann gegen die hohe Luftfeuchtigkeit unter dem Blätterdach nur wenig ausrichten.

Der Weg steigt auf fast 400 m an und führt durch einen Wald mit prächtigen alten Bäumen. Der Waldboden federt bei jedem Schritt und die Baumstämme sind vom Moosbewuchs ganz grün - eine gänzlich andere Vegetation als die im Ostteil des Parks, wo es durch die typisch patagonische Pampalandschaft ging.

Achten Sie auf die glitschigen Baumwurzeln, denn auch profilstarke Trekkingschuhe finden auf ihnen keinen Halt.

Der Weg bleibt eine Zeitlang auf dieser Höhe. An einem weiteren freien Stück folgt nach 1 Std. erneut ein Linksknick. Bei gutem Wetter blicken Sie voraus in Richtung Paso John Garner und Sie können auch die Endmoräne des Glaciar Los Perros sehen. In Luftlinie ist sie eigentlich dicht dran, doch die Zickzackführung des *Circuitos* läßt ein paar Meter mehr daraus werden.

Links (südlich) blicken Sie auf die Berge Cerro Tridente, Escudo und Cabeza del Indio. Hinter dieser Berggruppe liegen die drei Torres. Zurückblickend (gen Norden) schauen Sie auf den Lago Dickson mit dem gleichnamigen Gletscher.

Der Grund des Linksknicks sind zwei Flüsse: Der Río Cabeza del Indio schneidet den Weg und mündet etwa 100 m unterhalb des Weges in den Río de los Perros, der die rechte Flanke des Weges begrenzt.

Glücklicherweise führt der Pfad nicht steil ins Flußtal hinunter, sondern verläuft einige 100 m parallel zum Río Cabeza del Indio, auf fast gleichbleibender Höhe. Die Flußüberquerung ist kein Problem, da er schmal ist und auch Baumstämme als Steg bereit liegen.

Auf der anderen Seite schlängelt sich der Weg weiter zwischen stehenden und umgestürzten Bäumen durch den immer dichter werdenden Regenwald hindurch, bis er wieder parallel zum Río de los Perros verläuft.

In diesem Abschnitt hatte ich großes Glück und konnte den Magellanspecht (*Carpintero Negro*) beobachten, wie er an einem Baumstamm saß und mit seinem Schnabel die Baumrinde löste, um an die darunter vermuteten Insekten zu gelangen. Das Weibchen trägt ein komplett schwarzes Federkleid, das Männchen dagegen hat einen leuchtend roten Kopf (nicht nur in der Paarungszeit).

Der Weg führt nun seit langem mal wieder ganz ans Ufer des Río de los Perros heran. Und es gibt auch gleich etwas zu sehen, und zwar die Cascada los Perros, kleine Wasserkaskaden, die das Schmelzwasser der Berge durch eine enge Schlucht leiten.

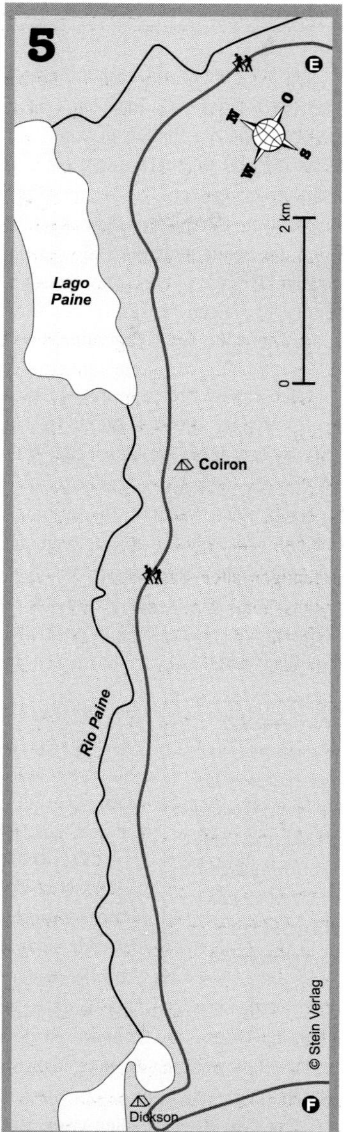

Der Weg bleibt nur kurz in Flußnähe, um danach wieder in den stark bemoosten Urwald einzutauchen. Alle Geräusche, das Zwitschern der Vögel, das Rauschen der Blätter im Wind oder das des Flusses, klingen sehr dumpf. Es ist wie das Wandern durch einen grünen Blättertunnel, in dem man versucht, einen Ausgang zu finden. Ringsherum ist alles dicht, die Orientierung fällt schwer, die Himmelsrichtungen sind kaum zu bestimmen, da man den Stand der Sonne nicht zur Hilfe nehmen kann. Die gut positionierten orangen Wegmarkierungen helfen aber bestens bei der Suche aus dem Baumlabyrinth heraus. In einigen Senken ist der Untergrund je nach Regendauer sehr matschig. Die Höhe des *Circuitos* liegt weiterhin bei etwas über 400 m.

Nach einer weiteren Stunde gelangen Sie wieder an den Río de los Perros, an dessen Ufer Sie sich durch Gestrüpp schlängeln müssen. Der Weg, der ursprünglich direkt am Ufer entlangführte, wurde bei dem Unwetter im März '98 von den gewaltigen Wassermassen weggespült.

Nach einer weiteren Viertelstunde gelangen Sie an eine Hängebrücke (490 m), über die Sie auf die gegenüberliegende Flußseite gelangen. Sie hat den gewaltigen Wassermassen standgehalten.

Jetzt geht es auf der Steinmoräne des Glaciar los Perros bis zu seinem Gletschersee, bis auf 605 m hoch. Da es freies Gelände ist, kann der Wind ordentlich blasen. Dieser Anstieg ist der schwerste Teil der heutigen Etappe.

> *Der Ausblick auf den spektakulären Gletscher und den auf dem See schwimmenden Eisbrocken entschädigt für die Anstrengungen. Bis zum Campamento Los Perros sind es nur noch wenige hundert Meter.*

Der Blick vom Gletscher zurück über den dichten, grünen Lenga-Wald ist eine Augenweide und ein absoluter Kontrast zum blauweißen Eis des Gletschers.

Der Glaciar Los Perros besteht aus zwei Teilen: Oben ist er ein Hängegletscher, dessen Eis über eine Abbruchkante einige Meter in die Tiefe donnert und danach setzt er sich neu zusammen und fließt als sog. Sekundärgletscher bis in den Gletschersee. Von der Moräne aus ist nur das äußerste Ende des Gletschers zu sehen, der größere Teil befindet sich weiter oben. Der Gletscher besitzt einen weiteren Abgang, den Sie auf der Rückseite des Berges sehen können. Diese Stelle passieren Sie auf der Etappe zurück zum Refugio Pehoé. Der Gletscher hat keine Verbindung zum großen *Campo de hielo sur.*

Wackelige Hängebrücke über den Rio de los Perros unterhalb des Gletschers

Die Berge links des Gletschers heißen von links nach rechts: **Cerro Trono Blanco** (2.197 m), **Cerro Los Gemelos** (1.998 m), **Cerro Aguja de los Quirquinchos** (2.000 m) und **Punta Negra** (1.703 m). Hinter dieser Bergkette beginnt das Valle del Francés.

Rechts des Gletschers schließt sich die Bergkette **Cordon Olguín** mit dem 2.092 m hohen **Cerro Blanco Sur** an. Auf der gegenüberliegenden Seite des Río de los Perros erreichen die Berge mit dem 1.921 m hohen **Cerro Punta** ihre größte Höhe. Weiterhin schließen sich ihm der **Cerro Condor** (1.790 m), der **Cerro Amistad** (1.766 m) sowie der **Cerro Paine Chico NorOeste** an. Zwischen dieser Berggruppe und der Cordon Olguín entspringt der Río Paso, der mit dem Río Brian zusammen den Río de los Perros bildet und zwischen diesen beiden Bergketten führt auch der *Circuito* hindurch, der hier mit dem Paso John Garner seine höchste Stelle erreicht (1.241 m).

Vom Gletschersee des Glaciar Los Perros zum gleichnamigen Campamento führt der Weg ein Stück über eine Geröllandschaft bis in den nächsten

Río Paso und einer kleinen Lagune liegt. Andescape hat hier etwa 20 Zeltplätze windgeschützt im Wald angelegt. Vom Ufer der namenlosen Lagune haben Sie einen Blick auf den 2.092 m hohen Cerro Blanco Sur und nur 10 Min. sind es vom Camp zum Gletscher.

Im Kiosk der Anlage können Sie einige Grundnahrungsmittel einkaufen, duschen ist ebenfalls möglich. Zwei Leute von Andescape arbeiten in der Hochsaison im Camp. Sie stehen für Fragen, was den weiteren Gang über den Paso oder dergleichen angeht, gerne zur Verfügung.

Wetterprognosen stellen auch sie nicht gerne auf, denn das Wetter ist das meistdiskutierte Thema im Camp. Wie kommt man über den Paß, und vor allen Dingen: Ist der Glaciar Grey und die gegenüberliegende Seite mit den weiteren Gletschern zu sehen? Oder bleibt alles unter einer Wolkendecke verborgen?

♦ Camping Los Perros, 20 Plätze, ⇧ 635, Andescape

6. Etappe: Camping Los Perros ⇧ 635 m - Refugio Grey ⇧ 85 m

Egal, wie das Wetter ist oder wird: Wenn Sie an einem Tag bis zum Refugio Grey wandern möchten, sollten Sie früh aufstehen. Nicht unbedingt weil die Etappe so lang ist, sondern weil sich das Wetter zur Mittagszeit oft ändert.

Das frühe Aufstehen ist aber kein Problem, da es in diesen Breitengraden im Sommer sehr früh hell wird. Am längsten Tag, dem 21. Dezember, fängt es morgens um 3:30 an zu dämmern, und es wird abends um 23:00 erst wieder dunkel.

Die Etappe ist zwar nur 14 km lang - dennoch sollten Sie etwa 10 Stunden einplanen. Sie ist die anspruchsvollste Etappe des *Circuitos*, und das nicht nur, weil es über den 1.241 m hohen Paso John Garner geht. Auch der Abstieg von der Paßhöhe sowie der Abschnitt bis zum Refugio Grey hat es mit kleinen, giftigen Anstiegen und einigen *Quebrada*-Überquerungen unangenehm in sich.

Bei einigermaßen gutem Wetter ist das eine herrliche Etappe mit vielen, vielen grandiosen Ausblicken.

Also heißt es: möglichst früh aus dem Schlafsack pellen und aufbrechen, damit Sie das alles in Ruhe genießen können. Wichtig ist, daß Sie sich genügend zu essen mitnehmen, da körperlich einiges von Ihnen abverlangt wird. Die beste Grundlage ist jedoch ein gutes Frühstück. Gut gestärkt läßt sich der Rucksack besser tragen, denn: "Lieber einen vollen Magen und einen schweren Rucksack, als gar nichts zu tragen!"

Der Weg führt zunächst an den Waldrand, wo Sie den Río Paso auf einem Baumstamm überqueren. Anschließend geht es im nächsten stark bemoosten Waldstück merklich aufwärts. Nach einigen hundert Metern und einigen Metern Steigung ist der Waldrand erreicht, und es liegt ein kurzes freies Stück vor Ihnen, das sehr morastig ist. Danach folgt das nächste kleinere Waldstück, in dem der Untergrund ebenfalls sehr weich ist.

Das Waten durch den Matsch ist eine ganz schön kräfteraubende Angelegenheit. In der Streckenkarte für den Torres del Paine steht für diesen Bereich *Zona de Pantano las estacas*, was "Morastzone, bitte den markierten Pfählen folgen" bedeutet. Den Markierungen sollten Sie unbedingt folgen, damit

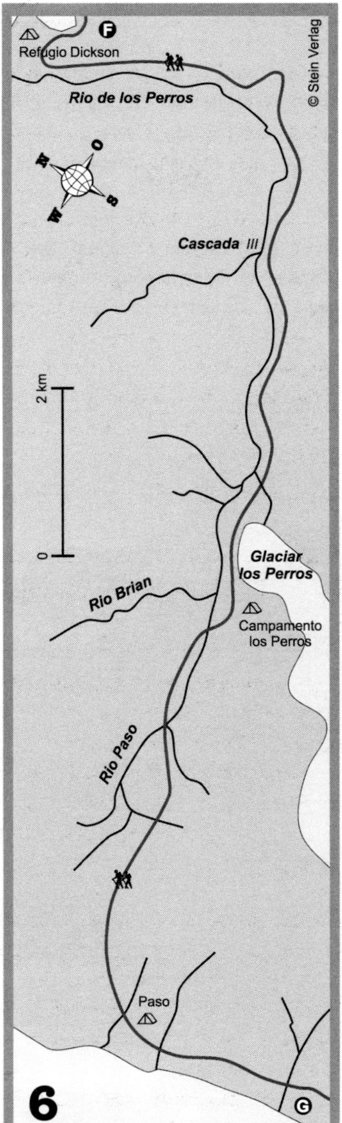

Sie den direkten Weg zum Paß finden. Wieder sind es die orangefarbenen Farbklekse, die den Verlauf des *Circuitos* kennzeichnen. Stellenweise ist es schwer, den richtigen Weg zu finden, denn es existieren mehrere Trampelpfade. Jeder versucht, den günstigsten Weg mit den wenigsten Matschlöchern zu finden. Den Pflanzen tut das aber gar nicht gut.

☺ Bitte denken Sie daran, daß die Vegetation in dieser subpolaren Klimazone mit ihren kurzen, warmen Temperaturperioden wesentlich mehr Zeit benötigt, um sich von Schäden zu erholen, als anderswo.

Apropos Abfälle: Es dauert einige Zeit, bis organische und anorganische Stoffe verrotten: eine Zigarettenkippe braucht 1 bis 2 Jahre, Blechdosen 10 Jahre, Plastikbecher 10 bis 100 Jahre und Glas sogar 4.000 Jahre! Aber das wissen Sie ja als erfahrener Trekker wahrscheinlich selbst.

☺ Eine Stunde benötigen Sie etwa bis zu der Stelle, wo Sie unterhalb einer kleinen Schlucht den Río Paso überqueren müssen. Füllen Sie hier Ihre Wasserflasche wieder auf, denn bis zum Campamento Paso, auf der anderen Seite des Passes, kommt keine weitere Gelegenheit mehr!

Das Paine-Massiv spiegelt sich in einer Lagune

Nach der Überquerung geht es auf festerem Untergrund weiter, allerdings immer heftiger bergauf. Voraus blicken Sie auf zwei Hügel, wobei der Paß neben dem linken der beiden Hügel liegt. Es sieht so nah aus, doch es dauert über eine Stunde, bis Sie den Paß erreichen.

Rechts rückt der Pfad immer näher an den Cerro Amistad heran, der auch ein kleines Eisfeld auf seiner windgeschützten Südostseite hat. Links des Weges erhebt sich der 2.092 m hohe Cerro Blanco Sur. Beim Blick zurück erkennen Sie den Los Perros Gletschersee und das bewaldete Tal des Río de los Perros.

Nur ein paar Ministräucher wachsen auf einer Höhe von knapp 900 m. Der Weg ist mit orange gefärbten Pfählen markiert. Zusätzlich wurden kleine Steinhügel aufgetürmt und orange gekennzeichnet. Oberhalb der Baumgrenze ist der kräftige Wind sehr unangenehm, da er wieder wie immer von vorne kommt und auch Sand mit aufwirbelt.

Die Steigung ist jetzt beträchtlich, und bei einer Höhe von knapp 1.100 m befinden Sie sich auf gleicher Höhe mit dem Eisfeld des Cerro Amistad nebenan.

Der Weg biegt etwas nach links in südwestliche Richtung ab, da der Paß am Fuße des Cerro Blanco Sur liegt. Kurz vor dem Paß wird es wieder etwas flacher und ein Spaßvogel hat auf einen Stein gepinselt: *Don't give up!* Das ist auch wirklich nicht mehr nötig, denn es ist fast eben und bis zum Paß sind es nur noch wenige Meter. Vom Camp Los Perros bis hierher werden Sie 3 Std. benötigt haben.

Und dann liegt der Glaciar Grey majestätisch vor Ihnen. Die blauweiße Eiszunge ist in ihren Ausmaßen unwahrscheinlich schwer einzuschätzen, weil jegliches Gefühl für diese gigantischen Dimensionen fehlt. Wenn das Wetter mitspielt, ist ein Blick auf die gegenüberliegenden Berge möglich. Dort fließen weitere Gletscher in den Glaciar Grey - der Glaciar Pingo, der Glaciar Zapata sowie zwei weitere kleinere Gletscher.

Auch wenn der Wind oben auf dem 1.241 m hohen Paß sehr heftig wehen kann, sollten Sie diesen unbeschreiblichen Ausblick eine Zeit lang auf sich wirken lassen. Gehen Sie deshalb ein klein wenig weiter Richtung Gletscher nach unten, denn dort öffnet sich der Blick um einiges mehr.

Auf der Gletscheroberfläche können Sie erkennen, daß sie stellenweise glatt und an anderen Stellen eingerissen ist. Diese Stellen sehen aus wie die Kiemen eines Haifischs. Dort schimmert dunkelblaues Eis aus der Tiefe hervor. Je dunkler das Blau, desto mehr wurde das Eis zusammengedrückt. Die Oberfläche des Gletschers dagegen ist weiß. Wenn der Schnee auf seiner Oberfläche tagsüber in der Sonne schmilzt und in der Nacht wieder gefriert, nimmt das Oberflächeneis an Gewicht zu und erhöht so den Druck auf das darunterliegende Eis, das dadurch immer mehr zusammengepeßt wird und blau "anläuft".

Die Länge des Grey-Gletschers, von seinem Austritt aus dem *Campo de hielo sur* bis zum Lago Grey, beträgt 20 km. Seine Breite ist nur sehr schwer abzuschätzen, es müssen mehrere Kilometer sein. Die Dicke des Eises ist von hier nicht auszumachen. Da müssen Sie noch die restlichen etwa 8 km bis zum Refugio Grey gehen, wo sich das Ende der Gletscherzunge befindet. Dort können Sie die Dicke des Eises sehr gut abschätzen, zumindest von dem Teil, der über der Wasseroberfläche liegt.

Auf der anderen Paßseite geht es wesentlich steiler auf losem Geröll bergab, als Sie bergauf gegangen sind. Das ist auch mit ein Grund, weshalb das Paine-Massiv auf dem *Circuito* vorwiegend entgegen dem Uhrzeigersinn umrundet wird.

Der Weg biegt nach links ab und erreicht nach einigen hundert Metern steilem Abstieg den Wald in einer Höhe von 1.000 m, in dem er fast in direkter Fallinie weiter Richtung Gletscher führt.

Der Untergrund ist extrem rutschig. Die nicht allzu großen Bäume bieten die Möglichkeit, sich stellenweise wie ein Affe von Ast zu Ast nach unten zu hangeln. Falls Sie sich trotzdem auf dem Hosenboden setzen, trösten Sie sich, das teilen Sie mit den meisten *Circuito*-Gängern. Großgewachsene müssen aufpassen, daß sie sich nicht den Kopf an den Ästen anschlagen. Einigen Baumstämmen und Ästen sieht man es an, daß sie häufig als Haltegriffe herhalten mußten: Ihre Rinde ist ganz blankgerubbelt.

Hangelnd, rutschend und stolpernd legen Sie fast 700 Höhenmeter (vom Paß) bis zum **Campamento Paso** in 590 m Höhe zurück. In windgeschützter Lage und mit einem kleinen Bach versehen, können Sie auf einigermaßen ebenen Flächen Ihr Zelt aufschlagen. Etwa 4½ Std. benötigen Sie bis zum Camp. Die Parkverwaltung plant, hier eine kleine Hütte aufzustellen sowie Bänke und Tische zu plazieren.

♦ Campamento Paso, 10 Plätze, ⇧ 590 m, rustikal Conaf/gratis

Wem der Blick vom Paß auf den Gletscher nicht gewährt wurde oder wer das Szenario ein weiteres Mal genießen möchte, der sollte hier sein Nachtlager aufschlagen und am nächsten Morgen bis etwas über die Waldgrenze hinaufklettern.

Der nun folgende Abschnitt bis zum Campamento Los Guardas ist etwa 5 km lang, wofür Sie ca. 4 Std. benötigen, weil er mit natürlichen Hindernissen gespickt ist: Umgestürzte Bäume versperren immer wieder den Weg. Diese Hindernisse sind alle mit mehr oder minder größerer Anstrengung zu überwinden. Die Wegmarkierungen sind dennoch gut zu finden.

Es kommen auf diesem Teilstück kleinere, giftige An- und Abstiege vor, die sehr anstrengend sind und ziemlich aufhalten. Der Hang, an dem der *Circuito* angelegt wurde, ist sehr steil. Eine Alternativroute ist nicht vorhanden.

Vom Camp Paso geht es ein steiles Stück weiter bergab, bis auf eine Höhe von etwas 500 m, auf die sich der Weg dann einpendelt. Der Wald besteht aus wunderschönen, großen Bäumen, und auf dem Waldboden wachsen Moose und Gräser. Wasserprobleme gibt es in diesem Abschnitt nicht, da immer wieder kleine Bäche den Weg kreuzen, aus denen Sie bedenkenlos trinken können. Der Weg von der Quelle bis zum Gletscher ist sehr kurz.

Im Sommer verdecken die Blätter der Bäume über weite Strecken den Blick auf den Gletscher, der parallel unterhalb fließt.

Ab und an ragen nicht bewaldete Felsvorsprünge weit in Richtung Gletscher vor. Sie bieten jedesmal einmalige Ausblicke auf die riesige Eismasse.

In diesem Abschnitt hören und sehen Sie nur ganz wenige Vögel. Das Klima ist so nahe am Gletscher zu rauh für sie. Weiter vorne, im Bereich der Gletscherzunge, nimmt das Vogelgezwitscher wieder zu.

Blick vom Gletschersee auf den Glaciar Grey

Etwa 2 Std. nach dem Campamento Paso folgt eine *Quebrada*, eine Schlucht, durch die normalerweise nur ein kleiner Fluß herunterrauscht, doch die Wassermassen des letzten Unwetters im März '98 haben eine breite Schneise geschlagen. Große Felsbrocken sind aus der steil aufragenden Wand über Ihnen in Richtung Gletscher gestürzt und haben Steinlawinen ausgelöst, die alles niedergewalzt haben.

Als ich den Abschnitt ging, waren die orangefarbenen Wegmarkierungen nicht zu sehen. Es war sehr schwer zu erkennen, wo es auf der anderen Seite wieder weiter geht.

Nur mit letzten Kräften war es mir möglich, diese *Quebrada* zu durchqueren, der Ausstieg auf der gegenüberliegenden Seite war zu steil. Der lose Untergrund tat sein übriges. Die Parkverwaltung versicherte mir, daß sie neue Markierungen anbringen wird und auch die Durchquerung der *Quebrada* entschärfen will.

Wenn Sie in der *Quebrada* stehen, müssen Sie mal nach oben schauen. Der Anblick der großen Felsbrocken wirkt sehr bedrohlich - und wenn man weiß, daß sie auf losem Untergrund liegen ... also ich habe zugesehen, daß ich da schnell wieder 'raus kam. Der Blick nach unten auf den Glaciar Grey ist genauso beeindruckend.

Gleich hinter der *Quebrada* folgt ein freies Stück, nackter Felsen ist stellenweise zu sehen. Es sah vor gar nicht allzu langer Zeit ganz anders aus, was Sie an den verkokelten Baumstämmen ringsherum erkennen können. Ein Feuer hat den dichten Wald vernichtet.

> *Der Felsen ist in diesem Abschnitt extrem steil und der Pfad sehr schmal. Wenn ein kräftiger Wind über das freie Stück weht, ist dieses Teilstück extrem gefährlich. Der oft heftige Wind schafft es ohne weiteres, Sie von den Beinen zu holen. Einige Bereiche sind so steil, daß sie nur über angelegte Stufen und mit Fixseil zu meistern sind. Der Weg steigt bis auf etwa 650 m hoch.*

Bei meiner Circuito-Umrundung war der Wind so stark, daß ich mich von Baumstumpf zu Baumstumpf hangeln mußte. Der Regen prasselte nicht von oben auf mich herab, sondern wurde mir waagerecht um die Ohren gepeitscht. Auf den restlichen Kilometern bis zum Ausgangspunkt folgen keine weiteren schwierigen Passagen.

Hinter diesem freien Stück geht es wieder abwärts in den Schutz des Waldes hinein, und zwar in einer Höhe von 550 m. Der Weg ist jetzt wieder angenehmer zu gehen. Kurz hinter einer zweiten, größeren *Quebrada*, deren Durchquerung keine Probleme bereitet, folgt das Campamento Los Guardas auf einer Höhe von etwa 400 m. Bis hier müssen Sie mit etwa 8 Std. Marschdauer rechnen. Wie alle bisherigen Camps liegt auch dieses in der Nähe eines Baches, und die Zeltplätze sind einigermaßen eben. Der dichte Wald und kleinere Hügel ermöglichen ein windgeschütztes Zelten.

♦ Campamento Los Guardas, 10 Plätze, ⇧ 400, rustikal Conaf/gratis

☺ Sind Sie noch gut bei Kräften und ist die Zeit nicht zu weit fortgeschritten, sollten Sie die etwa 1½ Std. bis zum Refugio Grey gehen. Vom Campamento Los Guardas haben Sie keine Aussicht auf den Grey-Gletscher, was vom Refugio Grey zwar auch nicht gegeben ist, doch nur 20 Min. vom Refugio Grey entfernt, haben Sie von einem *mirador* (Aussichtspunkt) aus eine perfekte Sicht auf das Gletscherende.

Dieser letzte Abschnitt ist wirklich sehr easy zu gehen, und es folgen weitere schöne Ausblicke auf das Gletscherende.

Das Ende des Grey-Gletschers ist etwas Besonderes, denn eine kleine Felsinsel - La Isla - teilt die Gletscherzunge in zwei Teile. Wenn Sie wollen, können Sie von der Hostería Grey (am Südende des Lago Grey) bzw. vom Refugio Grey mit einem Boot zur Insel fahren und dort einen kleinen Spaziergang unternehmen. Es ist eine spannende Sache, so dicht am Gletschereis zu stehen und die gewaltigen Dimensionen so nah zu erleben.

Die Tendenz dieses letzten, etwa 1 ½ Std. langen Teilstücks ist ganz klar abwärts. Liegt das Refugio am Lago Grey doch genau auf der Seehöhe von etwa 90 m. Der Waldboden ist üppig bewachsen, die Baumstämme sind hoch bemoost und Schlingpflanzen ranken sich dem Licht entgegen. Auch die Zahl der Vögel nimmt zu. Es ist sehr angenehm zu gehen.

10 Minuten vor dem Refugio gabelt sich der Weg: Geradeaus und kurze Zeit später rechts ab gelangen sie abwärts zum Refugio. Auf dem rechten Weg geht es zum *mirador*, dem bereits erwähnten Aussichtspunkt mit Blick auf das Gletscherende.

☺ Gehen Sie zuerst zum Refugio, laden Ihren Rucksack ab, um dann am Abend, ohne Gepäck, den Sonnenuntergang am *mirador* zu erleben.

Das Refugio und Camping Lago Grey liegen windgeschützt hinter einem Felsen und in einem Wald direkt am Ufer des Sees. Vom warmen Inneren der Blockhütte können Sie die Eisberge des Grey-Gletschers vorbeischwimmen sehen.

Das Refugio hat 34 Betten in Mehrbettzimmern, warme Duschen sowie eine Küche, in der für Sie nach Wunsch alle Mahlzeiten zubereitet werden. Selbstverpflegung ist ebenfalls möglich. Der Zeltplatz hat 30 Plätze, Duschen stehen ebenfalls zur Verfügung und in einem Kiosk werden Grundnahrungsmittel angeboten.

- ♦ Refugio Grey, 32 Plätze, ⇧ 85 m, 🛏 🚿 ✕ Andescape
- ♦ Camping Grey, 20 Plätze, ⇧ 85, ⛺ 🚿 Andescape

Ein paar Meter neben dem neuen Refugio steht dessen Vorgänger. Es wird z.Z. von der Tourismusagentur Amerindia Concept wieder hergerichtet. Sie haben von der Forstbehörde *Conaf* die Konzession erhalten, Gletscher-Trekking-Touren auf den Grey-Gletscher anzubieten. In kleinen Gruppe gehen sie in mehrstündigen Touren über das zerklüftete Eisband. Das Equipment wie Eisschuhe und Eispickel werden zur Verfügung gestellt. Ein absolut einmaliges Erlebnis, welches nur auf wenigen Gletschern der Welt angeboten wird (Adresse ☞ Puerto Natales).

Vom Refugio Grey ist es nur ein 20minütiger Weg zum Aussichtspunkt Mirador Glaciar Grey am Ende der Grey-Gletscherzunge. Gehen Sie 10 Minuten auf dem *Circuito* wieder zurück bis zur Weggabelung und dort gehen Sie den kleinen Pfad geradeaus weiter, es ist eine Abkürzung. Nach etwa weiteren 10 Min. können Sie von einer kleinen Lagune aus das rechte Ende des Gletschers sehen. Die meisten Besucher bleiben nicht am Ende des Weges stehen, sondern klettern auf dem Hügel nebenan näher an die Abbruchkante heran.

☺ *Mit Essen, Trinken und vielleicht etwas zum Schmökern ausgestattet, hocken einige stundenlang an dieser exponierten Stelle, in der Hoffnung, den Gletscher kalben zu sehen. Ein sehr schöner Anblick, so nah vor einer etwa 40 m hohen Eiswand zu stehen. Je nach Eisstand ist das Ende näher am Felsen dran oder nicht.*

Vorsicht: Unterschätzen Sie nicht die Welle, die so ein herabstürzender Eisberg verursachen kann. Der Aufprall des 40 m hohen Eisbrockens ist spektakulär und die daraus entstehende Welle ist nicht zu unterschätzen. Es haben schon einige Leute nasse Füße bekommen, die zu dicht am Wasser standen und von der Welle überrascht wurden. Die Welle ist immer dann hoch, wenn das Bruchstück vornüber ins Wasser kippt.

Bricht das Eis ab und der Brocken sackt einfach nur in die Tiefe, ist die Welle klein. Nach kurzer Zeit kommt er wieder aus der Tiefe emporgeschossen, legt sich aufs Wasser und beginnt seinen Weg Richtung Seeausgang. Dort bleibt er am Strand vor der Hostería Grey liegen und schmilzt vor sich hin.

Am Refugio Grey können Sie mit einer Fähre zum Felsen zwischen der gespaltenen Eiszunge und weiter zur Hostería Grey zu fahren. Sagen Sie im

Refugio Bescheid, die setzen sich dann über Funk mit der Hostería in Verbindung und kündigen Sie an.

- Fährabfahrten 2x täglich von der Hostería Grey: Morgens 9:00 und nachmittags 15:00; 2¾ Std.; Preis: $ 20.000 oder US$ 60; Kapazität: 38 Personen. Reservierung ☎ + FAX 61/227528, Hostería Lago Grey (ganzjährig geöffnet).

Das komfortable Refugio Grey

7. Etappe: Refugio Grey ⇧ 85 m - Refugio Pehoé ⇧ 70 m

Die siebte Etappe führt Sie wieder zurück zum Ausgangsort der Rundwanderung. Dieser Routenteil ist nur 10 km lang und angenehm zu gehen. Die erste Hälfte der Strecke führt bergauf, mit dem höchsten Punkt von 340 m, der nach gut 2 Std. erreicht ist. Danach geht es bis zum Westufer des Lago Pehoé angenehm bergab. Für die gesamte Etappe müssen Sie nicht mehr als 4 Std. einplanen.

Wenn Sie am selben Tag vom Refugio Pehoé mit der Fähre nach Pudeto weiterfahren möchten: Abfahrt vom Refugio ist um 8:30, 10:30 und 18:00. In der Hochsaison sollten Sie unbedingt reservieren. Sagen Sie dem Personal im Refugio Grey rechtzeitig Bescheid, die funken Ihre Reservierung nach Pehoé.

Mit etwas Glück können Sie *Zorro*, den Fuchs, um das Refugio Grey schleichen sehen. Er kommt in unregelmäßigen Abständen hierher, um sich eine Mahlzeit aus den Essensresten des Vortages abzuholen.

Vom Refugio laufen Sie wieder auf dem bekannten Weg durch den Wald zurück bis zur zweiten Gabelung. Dort geht es rechts weiter durch Waldgebiet. Der Untergrund kann in diesem Bereich immer wieder matschig sein. Zuerst verläuft die Strecke eben, um dann langsam welliger zu werden. Links können Sie nach einiger Zeit einen größeren Wasserfall aus einem bewaldeten Berghang heraustreten sehen. Der Pfad befindet sich auf einem kleinen Bergrücken, was diesen Ausblick erst ermöglicht. Der Ursprung des Wasserfalls ist der *Glaciar Los Perros*, den Sie zwei Etappen vorher passiert habDies ist sein südlicher Abfluß, der später zum Río Olguín wird. Er fließt unterhalb des Weges durch einen schmalen Canyon. Auf einer Holzbrücke überqueren Sie den Fluß, bevor er in den Lago Grey mündet.

Es wird jetzt steiler, und obwohl es öfter über steinigen Untergrund geht, ist der Weg matschig oder naß, weil kleinere Bäche ihn überfluten. Der Pfad ist an einigen Stellen auch arg ramponiert, da entlang dieser Etappe Material und Lebensmittel zwischen den Refugios mit Pferden transportiert werden (Sie können sich auch ein Pferd bei Andescape mieten und diese Etappe im Sattel zurücklegen).

Nach einiger Zeit tritt der Pfad aus dem Wald heraus und eröffnet einen freien Blick auf den gewaltigen Glaciar Grey und seinen See. Vor Ihnen sehen Sie, wie der Weg zwischen zwei Felsen hindurch führt. Dort oben liegt der höchste Punkt der Etappe. Auf diesem freien Wegstück sind Sie wieder anfällig für den ständig wehenden patagonischen Wind, aber in diesem Abschnitt stellt er kein Problem dar, eher schiebt er Sie angenehm den Berg hinauf.

Nicht vergessen, von Zeit zu Zeit zurückzuschauen, um den phantastischen Blick auf den Gletscher zu genießen! Von ganz oben haben Sie nun auch einen Ausblick auf das südliche Ende des Lago Grey. Zu Zeiten großer Gletscheraktivitäten ist die Bucht vor der Hostería Grey mit Eisbergen überfüllt.

Auf dieser Wegstrecke folgen immer wieder matschige Abschnitte. Der Weg führt an der Laguna Roca vorbei, deren Oberfläche durch den Wind so sehr aufgewühlt wird, daß das Wasser zu kochen scheint.

Der folgende Streckenabschnitt bis zum Refugio Pehoé trägt den Namen *Quebrada de los Vientos* (Schlucht des Windes). Der Weg führt jetzt bergab durch ein Tal, in das der Wind trichterförmig einströmt und gebündelt hindurchpfeift. Da er von hinten kommt, wirkt er eher temposteigernd, als daß er behindert.

Seit dem Eintritt in den Canyon blicken Sie auf die smaragdgrüne Wasseroberfläche des Lago Pehoé. Das Refugio steht windgeschützt hinter einem kleinen Hügel, nur das Dach und der Wasserbehälter sind zu sehen.

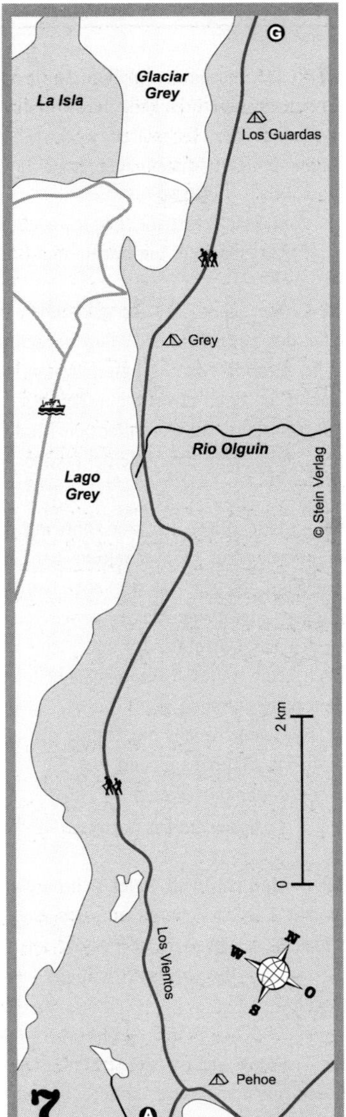

🏠 Der Ausblick vom **Refugio** und vom Camping Pehoé ist wunderschön: Über eine kleine Hügelkette hinweg sehen Sie die *Cuernos* und den Punta Bariloche. Die Zeltplätze sind nicht sehr windgeschützt angelegt, denn Bäume fehlen und auch kein Hügel bietet Schutz.

Vom Refugio Pehoé gibt es mehrere Möglichkeiten, wieder zurück zur Straße zu gelangen, um dort in den Bus nach Puerto Natales einzusteigen.

✱ Sie gehen, wie Sie gekommen sind: Mit der Fähre zurück ans andere Ufer des Lago Pehoé. Wenn Sie zeitig dort sind, lohnt ein Abstecher zum Salto Grande, dem größten Wasserfall im Torres del Paine Nationalpark. Haben Sie noch etwas mehr Zeit zur Verfügung, können Sie vom Wasserfall aus zum eine Stunde entfernten **Mirador Nordenskjöld** wandern. Dort blikken Sie direkt in das Valle del Frances.

✱ Eine Alternative zur Fahrt mit der Fähre ist die etwa 5 Std. dauernde Wanderung zur Parkverwaltung am Lago Toro. Die Etappe ist absolut nicht prickelnd, da sie fast nur eben verläuft und Sie die meiste Zeit mit dem Rücken zum Paine-Massiv gehen. Nach 3 Std. passieren Sie das **Campamento Las Carretas**, das außer einem Toilettenhäuschen und einem kleinen Bach keine weiteren Annehmlichkeiten bietet - keine Bäume schützen Sie vor dem patagonischen Wind.

Es ist auch nicht die Etappe als solche, die ich empfehlen möchte, sondern das Etappenziel und was Sie von dort aus unternehmen können (☞ Weitere lohnende Wege).

♦ Campamento Las Carretas, 10 Plätze, ⇧ 60 m, rustikal Conaf/gratis

✱ Und natürlich bietet sich die Fahrt mit dem Bus von der Administration zur Laguna Amarga an. Aus einer etwas größeren Entfernung von der Südseite des Lago Nordenskjöld aus sehen Sie die *Cuernos* und auch die *Torres*. Im Bus in Fahrtrichtung links hinsetzen, des besseren Ausblicks wegen.

✱ Wenn Sie bei den ersten Etappen bis zur Hostería Las Torres kein Glück mit dem Wetter hatten, können Sie vom Refugio Pehoé den Sendero Paso Los Cuernos ein weiteres Mal gehen und einen Abstecher ins Valle del

Francés oder hoch zu den Torres starten. Von der Hostería bzw. dem Refugio Las Torres gelangen Sie zur Guarderia Laguna Amarga, von wo die Busse immer nachmittags nach Puerto Natales abfahren.

Soweit ein paar Vorschläge, wie Sie nach Beendigung des *Circuito* den Rückweg gestalten können.

Der Salto Grande ist der größte Wasserfall im Park

ALTERNATIVEN

Alternativ-Tour zum Circuito

Wenn Sie weniger Zeit haben und nicht den gesamten Rundweg laufen wollen, bietet sich eine attraktive Alternative zum *Circuito*. Die Strecke wird "Das große W" genannt. Als Ausgangspunkt können Sie zwischen dem Refugio Las Torres oder dem Refugio Pehoé wählen.

Etappenziele sind das Refugio Grey am Glaciar Grey, das Campamento Británico im Valle del Francés sowie der Weg durch das Valle Ascencio bis hoch zu den drei Torres. Wenn Sie sich die Etappenziele einmal auf der Karte anschauen, können Sie erkennen, daß sie miteinander verbunden die Form eines großen "W" haben.

Für diese Wanderung, auf der Sie die Torres, die Cuernos sowie den Glaciar Grey aus nächster Nähe erleben, sollten Sie vier reine Wandertage einplanen. Mit An- und Abreise von und nach Puerto Natales benötigen Sie 5 bis 6 Tage. Das bedeutet etwa die Hälfte der Zeit, die Sie für den gesamten *Circuito* benötigen würden. Infos über die einzelnen Etappen 1, 2, 3 und 7 finden Sie unter der Touren-Beschreibung *Circuito Torres del Paine*.

Weitere lohnende Wege

Zentraler Punkt für die folgenden, lohnenden Wege im Torres del Paine Nationalpark, ist die **Parkverwaltung** am **Lago del Toro**. Im Gebäude der Administration gibt es eine kleine Ausstellung über den Nationalpark. Vor dem Verwaltungsgebäude fährt auch der Bus nach Puerto Natales ab. Hier stehen weitere Gebäude, so z.B. die **Posada Río Serrano** (Unterkunft) mit kleinem Kiosk und das Büro der Pferdevermietung **Zamora**. Eine Tankstelle und Poststelle gibt es ebenfalls.

Hinter dem Gebäude führt ein Steg in einen kleinen See hinein, der es ermöglicht, die einheimischen Wasservögel besser zu beobachten. Infotafeln klären über die einzelnen Arten auf.

Ein wunderschönes Ziel im Nationalpark ist der Aussichtspunkt Mirador Grey in der Nähe der Guarderia Lago Grey, am Ende des Lago Grey.

Die Anreise zum 8 km entfernten See ist ein kleines Problem, denn öffentliche Verkehrsmittel fahren nicht dorthin. Entweder Sie wandern, oder Sie versuchen zu trampen.

Von der Guarderia Grey führt ein Weg zum etwa 30 Min. entfernten Aussichtspunkt. Auf einer Hängebrücke überqueren Sie den **Río Pingo** und gelangen in einen kleinen Wald, in dem *Cachañas* (Smaragdsittiche) zu sehen und zu hören sind. Zwischen Wald und See liegt ein Sandstrand. Das kalte Wasser mit den darauf treibenden Eisbergen lädt nicht gerade zum Baden ein. Am Strand haben Sie ein wunderschönes Bergpanorama vor sich: Sie sehen die **Cuernos**, den **Cerro Paine Grande** und den **Glaciar Grey**. Wenn Sie das ganze Spektakel bei Sonnenschein, blauem Himmel und mit den wunderschönen patagonischen Wolken darüber erleben, gelingen Ihnen Postkartenfotos.

Weiter am Sandstrand entlang erreichen Sie einen kleinen Felsen, der in den See hineinragt. Auf ihm können Sie bis ganz nach vorne zum *mirador* gehen. Bei schönem Wetter haben Sie einen herrlichen Blick auf den Gletscher und die dahinter liegenden Eisberge. Dazu den Cerro Paine Grande und die *Cuernos* im Blickfeld: ein wirklich sehr schöner Aussichtspunkt.

☺ Es ist mein absoluter Lieblingsplatz im Park und ein wunderschöner Platz, um den Sonnenuntergang zu beobachten und zu fotografieren. Der Sonnenuntergang am Lago Grey und der Sonnenaufgang an den Torres: zwei wichtige Punkte für Fotografen!

Hinter der Guarderia Grey führt ein Weg hoch zum **Mirador Ferrier**. Auf einer Höhe von etwa 300 m haben Sie einen freien Blick auf den See, auf die *Cuernos* sowie die gesamte Südseite des Paine-Massivs, bis zum Monte Almirante Nieto.

☺ Eine interessante Alternative beim Verlassen des Nationalparks ist der Weg über den **Río Serrano** per Boot. Von der Conaf-Administration wandern Sie eine Straße 7 km südlich bis zur **Hostería Cabañas del Paine** mit **Camping Río Serrano**. Von dort geht es mit kleinen Motorbooten auf dem Río Serrano weiter. Einmal muß das Boot gewechselt werden, da der **Salto Río**

Serrano ein unüberwindbares Hindernis für die Boote ist. Weiter geht es vorbei an der Mündung des **Río Geike** bis zur **Hostería Monte Balmaceda**. Die Hostería Monte Balmaceda liegt nicht mehr im Torres del Paine Nationalpark, sondern in Chiles größtem Nationalpark, dem 35.259 km² großen **Parque Nacional Bernardo O'Higgins**. Von der Hostería haben Sie einen phantastischen Ausblick auf den **Glaciar Serrano**.

- ♦ Fahrtdauer 6 Std., US$ 25. Abfahrtszeiten 8:30 (Ankunft 11:30) sowie 17:00 Uhr (Ankunft 20:00).

Die Fahrtkosten können Sie sparen, denn zwischen den Cabañas del Paine und der Hostería Monte Balmaceda gibt es einen Wanderweg, der am **Lago Bruch** vorbeiführt und für den Sie etwa 12 Std. benötigen. Wenn Sie den Trail nur mit leichterem Gepäck gehen wollen, bitten Sie die Bootsbesatzung, Ihre Sachen mit an Bord zu nehmen.

Um 13:30 verläßt der Katamaran "Our Lady of the Snows" die Hostería Balmaceda und fährt vorbei am **Glaciar Balmaceda** nach Puerto Natales. Die Fahrt dauert 3½ Std. und kostet US$ 35. In der Fahrtzeit ist ein Stop am Glaciar Serrano mit eingerechnet. Auf der Weiterfahrt durch den Fiordo Ultima Esperanza besteht bis Puerto Natales eine gute Chance, Robben, Pinguine, Delphine, Kormorane und Kondore zu beobachten. Das Paine-Massiv zeigt sich Ihnen ein weiteres Mal aus der Ferne.

- ♦ Aventour, José Nogueira 1255, Punta Arenas, ☎ 61/220174 + ☎ 241197, FAX 243354 oder in Puerto Natales, Pedro Montt 161 (im Hotel Juan Ladrilleros) ☎ 61/411652, FAX 61/412109.

Preise in der Hochsaison

- ♦ Camping Río Serrano $ 6.000
- ♦ Camping Monte Balmaceda US$ 10
- ♦ Zimmer:

Zimmer:	Hostería Cabañas del Paine	Hostería Monte Balmaceda
	EZ US$ 88, DZ US$ 99	EZ US$ 99, DZ US$ 130

- ♦ In beiden Unterkünften bekommen Sie ein Menü für US$ 18, ein Verpflegungspaket für unterwegs kostet US$ 12.
- ♦ Die Hostería Monte Balmaceda sowie das Rafting-Angebot von Aventour sind seit der Saison 98/99 in das Freizeitprogramm für die Region aufgenommen worden.

Wenn Sie den Río Serrano nicht mit dem Motorboot befahren möchten, sondern mit eigener Muskelkraft, können Sie bei *Amerindia-Concept* ein Kajak mieten. Sie bieten auch organisierte dreitägige Kajaktouren auf dem Fluß an (☞ Puerto Natales, Agenturen).

Bergsteigerinformationen

Die grandiosen Berggipfel locken jedes Jahr Tausende von ausländischen Extrembergsteigern in den Torres del Paine Nationalpark. Er entwickelt sich mehr und mehr zum Treffpunkt der Kletterkünstler. Doch bevor eine Expedition die Gipfel erklimmt oder über das Gletschereis trekken darf, hat der Expeditionsleiter einige Formalitäten bei der Parkverwaltung zu erledigen.

- ✱ Vorlage einer Genehmigung der *Dirección de Fronteras y Limites del Estado* (*DIFROL*), die Sie direkt in Santiago oder über die Botschaft oder ein Konsulat in Ihrem Land erhalten.
- ✱ Unterzeichnung eines Formulars über die Rechte und Pflichten der Expedition gegenüber der Parkverwaltung.
- ✱ Zahlen einer Bergsteigegebühr bei der Forstbehörde Conaf, die den Preis je nach Expeditionsumfang und -ziel festlegt.
- ☺ Falls Fahrzeuge, Pferde oder Boote für den Transport der Ausrüstung zum Basislager benötigt werden, muß man sich mit der Parkverwaltung in Verbindung setzen.

Am Fuß des Serrano-Gletschers

Der optimale Tourenvorschlag

Ich möchte Ihnen meine Traumtour im Parque Nacional Torres del Paine vorschlagen, auf der Sie alles sehen, was absolut sehenswert ist. Auf dieser "Traumtour" erleben Sie den Park zu Fuß, im Sattel und zu Wasser. Für meinen Geschmack die optimale Zusammensetzung.

✱ Fahren Sie mit dem Bus von Puerto Natales bis zur Guarderia Pehoé. Dort gehen Sie zum Refugio Pudeto, um mit der Fähre zum Refugio Pehoé zu gelangen. Vor der Bootsfahrt machen Sie einen kurzen Abstecher zum Salto Grande.

✱ Vom Refugio Pehoé starten Sie den *Circuito* gegen den Uhrzeigersinn und gehen natürlich auch in die Täler Valle del Francés und Río Ascencio (zu den Torres).

✱ An der Hostería Las Torres mieten Sie sich ein Pferd und reiten bis zum Campamento Coirón (weiter dürfen die Pferde nicht, da das Privatgelände der Hostería hier zu Ende ist). Den Rest des *Circuito* bis zum Refugio Dickson gehen Sie zu Fuß.

✱ Von dort aus geht es zum Campamento Los Perros, über den Paso John Garner und weiter bis zum Refugio Grey.

✱ Es folgt das Glaciar-Trekking auf dem Grey-Gletscher mit der Agentur Amerindia Concept.

✱ Vom Refugio Grey gehen Sie über das Refugio Pehoé weiter zur Parkverwaltung und die 7 km bis zur Hostería Cabañas del Paine, von wo aus Sie wieder mit Amerindia Concept, diesmal mit dem Kajak, auf dem Río Serrano paddeln, zum Glaciar Serrano wandern und den Monte Balmaceda besteigen.

✱ Mit dem Boot oder Kajak geht es von der Hostería Balmaceda zurück nach Puerto Natales.

✱ Was Sie noch einbauen können, ist ein Abstecher zum *mirador* am Lago Grey, der sich am Südufer des Sees befindet und wirklich einen hinreißenden Ausblick bietet. Den können Sie z.B. mit dem Boot vom Refugio Grey erreichen. Nehmen Sie die Fähre, die zwischen der Hostería Grey, dem Grey-Gletscher und dem Refugio Grey fährt.

☺ Möchten Sie den Nationalpark aus der Luft sehen, können Sie dies bei jedem Inlandsflug nach Punta Arenas erleben. Beim Flug von Santiago in den Süden sollten Sie sich einen Platz auf der linken Seite reservieren, beim Flug zurück nach Santiago ist die bevorzugte Seite die rechte.

✈ Vom Flughafen in Punta Arenas aus bietet die Fluggesellschaft *DAP* Flüge in einer Cessna (Kapazität 9 Person) oder einer Twin Otter (Kapazität 20 Personen) über den Torres del Paine Nationalpark an. DAP bietet auch Flüge über das Kap Hoorn (*Cabo de Hornos*), nach Puerto Williams, zu den Falkland-Inseln und zur Base Presidente Eduardo Frei in die Antarktis an.

♦ Aerovias DAP S.A., Libertador Bernardo O'Higgins 891, Punta Arenas, ☏ 61/223340, FAX 221693.

Antarktis

Die *Armada de Chile*, die Chilenische Marine, fährt unregelmäßig mit ihren Versorgungsschiffen zu ihren drei Stationen in die Antarktis. Die Fahrt dauert etwa 14 Tage und kostet für Touristen US$ 1.500.

♦ Die Marine hat in Punta Arenas ihr Büro in der Lautaro Navarro 1155.

🕮 ReiseHandbuch Antarktis von Christian Walther, 256 S. im Großformat, 65 farbige Abbildungen, 13 Karten., 15 Skizzen, Conrad Stein Verlag, ISBN 3-89392-260-1, DM 49,80.

Weitere Abenteuertrips in Patagonien

Von Punta Arenas

✱ Mit dem Bus nach Ushuaia/Argentinien und von dort Schiffstour durch den Beagle-Kanal zu Pinguinkolonien.

✱ Flug über Patagonien und *Cabo de Hornos* (Kap Hoorn).

- ✱ Kajak-Tour durch den Beagle-Kanal und die Fjordlandschaft Chiles.
- ✱ Trekking in den unberührten, menschenleeren Nationalparks Alberto de Agostini oder Hernando de Magallanes.

Von Puerto Natales

- ✱ Kombinierte Kajak-Trekking-Tour in den Nationalpark Bernardo O'Higgins.
- ✱ Kajaktour durch die Fjorde um Puerto Natales.
- ✱ Bike-Tour nach Calafate/Argentinien und zum Perito Moreno Gletscher mit anschließender Bootstour zum Glaciar Upsala.

Fremdsprech

In Chile wird *Castellano* gesprochen, also jene Sprache, die ursprünglich in Kastilien gesprochen wurde. Es unterscheidet sich vom Hochspanisch, wie es auf der iberischen Halbinsel gesprochen wird. Das Castellano ist in 18 lateinamerikanischen Ländern die offizielle Landessprache, doch überall gibt es unterschiedliche Aussprachen, und es haben sich spezifische Besonderheiten herausgebildet. Wenn Indiosprachen in den lateinamerikanischen Ländern noch einen gewissen Einfluß haben, ergänzen sie den Wortschatz des Castellano mit Begriffen. In Chile ist es im Seengebiet die Mapudungun-Sprache der Mapuche-Indianer.

Mit Englisch kommen Sie in Chile nicht sehr weit. Ich konnte jedoch feststellen, daß zwischen meinen beiden Chilereisen sich in dieser Beziehung einiges getan hat. Wer in der Tourismusbranche arbeitet, hat erkannt, daß er zumindest ein paar Brocken Englisch sprechen können muß. Allerdings ist das Englisch oft mit solch einem Akzent behaftet, daß es sich fast um eine eigene Sprache handelt und schwer zu verstehen ist.

Je weiter Sie von Santiago in Richtung Puerto Montt gelangen, desto wahrscheinlicher ist es, daß Sie sich auch in Deutsch verständigen können. Im Seengebiet Chiles leben viele Deutsche bzw. Chilenen deutscher Abstammung. Wenn Sie kein Spanisch sprechen, brauchen Sie nicht zu befürchten, daß Sie jetzt die ganze Reise über unverstanden bleiben - die Chilenen kümmern sich sehr rührend und geduldig auch um diese Touristen.

Aussprache

Buchstaben bzw. Buchstabenkombinationen, die sich vom Deutschen unterscheiden.

	Aussprache	Lautschrift
b, v	b ist aussprachemäßig identisch mit dem v	w
c	wird wie k gesprochen, außer vor e und i, dort wird es wie ß gesprochen	k, ß
cc	wie kß	kß
ch	wie tsch in Quatsch	tsch
g	wie im Deutschen, außer vor e und i, wo er zu ch wie in Licht wird	g, ch

h	bleibt immer stumm	-
j	wie ch in Buch	ch
ll	wie j in jeder	j
ñ	wie nj in Injektion	nj
qu	wie k, nie wie kw; steht nur vor e und i, das u bleibt stumm	k
r	Zungenspitzen-r, wird nur am Wortanfang gerollt	r
rr	stark gerollt; in Lautschrift mit großem R gekennzeichnet	R
s	stimmlos und scharf ausgesprochen, wie unser ß in Schluß	ß
y	vor Selbstlauten wie j in jeder, alleinstehend oder am Wortende wie i	j, i
z	wie ß in Schluß, also kein Unterschied zum c	ß
ie	i und e werden getrennt gesprochen und nicht als langes i	i e
ei	e und i werden getrennt gesprochen, Nicht wie in Reiter, sondern wie beinhalten	e i
eu	e und u werden getrennt gesprochen, nicht wie in Heute, sondern wie in beurteilen.	e u

Buchstabieren

Falls Sie einmal Ihren Namen buchstabieren müssen, hier die Aussprache der einzelnen Buchstaben:

A	*a*	J	*chota*	R	*ere*
B	*be/we larga*	K	*ka*	S	*eße*
C	*ße*	L	*ele*	T	*te*
D	*de*	M	*emme*	U	*u*
E	*e*	N	*ene*	V	*we/be corta*
F	*efe*	Ñ	*enje*	W	*doble we*
G	*che*	O	*o*	X	*ekis*
H	*atsche*	P	*pe*	Yi	*i'grjega*
I	*i*	Q	*ku*	Z	*ßeta*

Betonung

In jeder Sprache ist die richtige Betonung das wichtigste für eine problemlose Verständigung. Das chilenische Spanisch hat dabei eine einfache Regel, die eine Ausnahme zuläßt: die Betonung liegt auf der vorletzten Silbe. Endet das Wort auf einen Konsonanten bzw. auf n oder s, liegt die Betonung auf der letzten Silbe. Die Ausnahmen werden mit einem Akzent (von links unten nach rechts oben) auf der zu betonenden Silbe gekennzeichnet (á, é, í, ó, ú).

Fragen und Fragewörter

Häufig werden Sie das Wort "haben" - tener - benötigen, und zwar in der dritten Person, tiene:

Tiene Usted una habitación libre? — Haben Sie ein freies Zimmer?

Die Antwort ist entweder: Sí, lo tenemos - Ja, haben wir oder No, no tenemos.

Ich brauche ...	Necesito ...
Ich will/möchte ...	Quiero ...
Ich möchte nach ... fahren	Quiero ir a ...
Wie komme ich nach ...?	Perdone, para ir a ...?
Geben Sie mir bitte ...	Por favor, déme ...
Was ist das?	Qué es esto?
Wo kann man ... kaufen?	Dónde se puede comprar ...?
Wieviel kostet die Fahrt nach ...?	Cuánto cuesta el viaje a ...?
Wann fährt der Bus nach ...?	A qué hora sale el autobús para ...?
Was kostet das?	Cuánto cuesta?
Ich möchte ...	Me gustaría ...
Gibt es ...?	Hay ...?
Wo gibt es ...?	Donde hay ...?
Wo ist ...?	Donde astá ...?
Ich suche ...	Estoy buscando ...

(nach) rechts	a la derecha	(nach) links	a la izquierda
hier	acá, aquí	hierhin	por acá

dort	allá, allí	dorthin	por allá
oben	arriba	unten	abajo
nah	cerca	weit	lejos
vor	delante de	hinter	detrás de
über	sobre	unter	debajo de
geradeaus	derecho	zurück	hacia atrás
an der Ecke	en la esquina	an der Kreuzung	en el cruce
Häuserblock	cuadra	in Richtung	en dirección
am Anfang	al comienzo	am Ende	al final

Fragewörter

wer	quién	wem	de quién
was, welcher	qué	wo	donde
woher	de dónde	wohin	adónde
wie	cómo	wann	cuándo
warum	por qué	welcher	cuál

Artikel

bestimmter Artikel	Einzahl		Mehrzahl	
Männlich	der	el	die	los
Weiblich	die	la	die	las
unbestimmter Artikel				
Männlich	ein	un	einige	unos
Weiblich	eine	una	einige	unas

Redewendungen

ja-nein	Sí-No
(Vielen) Dank	(Muchas) Gracias
Bitte (um etwas bitten)	Por favor
Keine Ursache	De nada
Entschuldigung	Disculpe, Perdón
Hallo	Hola
Guten Morgen	Buenos días

Guten Tag	Buenas tardes
Guten Abend	Buenas noches
Auf Wiedersehen-Tschüß	Adiós-Chau
Herzlich willkommen (zum Mann)	Bienvenido
Herzlich willkommen (zur Frau)	Bienvenida
Ich spreche nicht Spanisch.	No hablo español
Ich habe nicht verstanden.	No entendí
Wie geht es dir/Ihnen?	cómo estás/está Usted?
Wie geht's?	Qué tal?
(Sehr) gut / Schlecht.	Muy bien / Mal.
Ich weiß es nicht	No lo sé
Die Rechnung, bitte	La cuenta, por favor
Guten Appetit	Buen provecho
Zum Wohl. Prost	Salud
Wie heißt du?	Cómo te llamas?
Ich heiße ...	Me llamo ...
Woher kommst du?	De dónde vienes?

Zahlen

0	cero	1	un, una, uno
2	dos	3	tres
4	cuadro	5	cinco
6	seis	7	siete
8	ocho	9	nueve
10	diez	11	once
12	doce	13	trece
14	catorce	15	quince
16	dieciséis	17	diecisiete
18	dieciocho	19	diecinueve
20	veinta	21	veinta y uno
30	treinta	40	cuarenta
50	cincuenta	60	sesenta
70	setenta	80	ochenta
90	noventa	100	cien, cientos

200	doscientos	500	quinientos
1.00	mil	5.000	cinco mil
1.000.000	un millón		

Zeitangaben

heute	hoy	gestern	ayer
morgen	mañana	übermorgen	pasado mañana
morgens	por la mañana	mittags	al mediodía
nachmittags	por la tarde	abends/nachts	por la noche
täglich	todos los días	bald	pronto
spät(er)	(más) tarde	früh(er)	(más) temprano
dann	luego, entonces	nie	nunca
jetzt	ahora	sofort	en seguida
vorher	antes	nachher	después
immer	siempre	in einer Stunde	en una hora
in einer Woche	en una semana	am Wochenende	en el fin de semana

Tage

Montag	Lunes	Dienstag	Martes
Mittwoch	Miércoles	Donnerstag	Jueves
Freitag	Viernes	Samstag	Sábado
Sonntag	Domingo		

Monate

Januar	Enero	Februar	Febrero
März	Marzo	April	Abril
Mai	Mayo	Juni	Junio
Juli	Julio	August	Agosto
September	Septiembre	Oktober	Octubre
November	Noviembre	Dezember	Diciembre

Geografische Begriffe auf Karten

costa	Küste	mar	Meer
bahía	Bucht	río	Fluß
playa	Strand	lago	See
isla	Insel	estanzia/fundo	Farm
bosque	Wald	campo	Feld/Land
vereda	Fußweg	camino/calle	Straße
carretera	Landstraße	puente	Brücke
montaña	Gebirge	monte/cerro	Berg
puerto	Hafen	paso	Gebirgspaß
iglesia	Kirche	embalse	Stausee
ciudad	Stadt	castillo	Schloß/Burg
parque	Park	punta	Landzunge
fiordo	Fjord	quebrada	Bergschlucht
glaciar/ventisquero	Gletscher	valle	Tal
sendero	Pfad	mirador	Aussichtspunkt
mapa	Karte	Plano de la ciudad	Stadtplan
pavimento	Asphalt	ripio	Schotterpiste
salar	Salzsee	volcán	Vulkan
termas	Thermalquelle	cajón	Canyon/Schlucht
cueva	Höhle	sierra	Gebirgszug
seno	Meerbusen		

Himmelsrichtungen

Norden	norte	Osten	este
Süden	sur	Westen	oeste

Trekkingbegriffe

wandern	caminar	bergsteigen	escalar
Berghütte	refugio	Zelt	carpa
Zeltplatz	camping	Lagerplatz	Campamento
Rucksack	mochila	Stiefel	botas

Seil	cuerda	Eispickel	pica
Steigeisen	grampones	Höhenkrankheit	soroche
Steinlawine	derrumbe	Erfrierungen	heladura
Parkaufseher	guardaparque	Führer	guía
Schlafsack	saco de dormir	Isomatte	colchoneta
Lampe	lámpara	Kocher	anafe
Streichholz	cerilla	Feuerstelle	hogar
Benzin	benzina	Gas	gas
Brennspiritus	alcohol natural oder alcohol de quemar		

Übernachtung

Hotel	hotel	einfaches Hotel	hostal
Pension	pensión/residencial	Landhotel mit Gasthof	hostería
Ferienbungalow	cabaña	Einzelzimmer	Pieza simple
Doppelzimmer	pieza doble	Dusche und WC	baño
Dusche	ducha	Warmwasser	agua caliente
Bett	cama	Schlüssel	llave

Wieviel kostet es am Tag? — Cuánto cuesta por un día?

Ist das Frühstück im Preis eingeschlossen? — El desayuno está incluído en el precio?

Wir sind ausgebucht — Está todo ocupado

Essen & Trinken

Restaurant	restaurante	Fischrestaurant	marisquería
Speisekarte	carta	Gericht/Essen	comida
Getränke	bebidas	Frühstück	desayuno
Mittagessen	almuerzo	Nachmittagsimbiß	once
Abendessen	cena	Gedeck	cubierto
Teller	plato	Glas	vaso
Tasse	taza	Messer	cuchillo
Gabel	tenedor	Löffel	cuchara
Brot	pan	Butter	mantequilla

Käse	queso	Wurst	embutido/salchicha
Nudeln	pastas	Erdnüsse	maní
Schokolade	chocolate	Fruchtsaft	jugo
Tomatenmark	puré de tomate		

Obst & Gemüse

Apfel	la manzana	Banane	el platáno
Birne	la pera	Erdbeere	la frutilla
Orange	la naranja	Pfirsich	el durazno
Wassermelone	la sandía	Kaktusfrucht	la tuna
Bohnen	los porotos	Eissalat	la lechuga
Erbsen	las arvejas	Kartoffel	la papa
Zwiebel	la cebolla		

Auf der Speisekarte

Fleisch - carne

chuleta	Kotelett	anticucho	Fleischspieß
carne de carnero	Lammfleisch	carne de cerdo	Schweinefleisch
carne de cordero	Hammelfleisch	carne de ternera	Kalbfleisch
carne de vacuno	Rindfleisch	carne molida, posta	Hackfleisch
guatitas	Innereien	milanesa, escalopa	Schnitzel
pato	Ente	pollo	Huhn

Fisch - pescado

anchoa	Sardelle	atún	Thunfisch
bacalao	Kabeljau	calamares	Tintenfisch
lenguado	Seezunge	merluza	Seehecht
robalo	Seebarsch	salmón	Lachs
sardina	Sardine	trucha	Forelle

Meeresfrüchte - mariscos

almeja	Muscheln	camarón	Garnele
centolla	Königskrabbe	cholgas	Pfahlmuscheln

choro	Miesmuscheln	choro zapato	Miesmuschel
jaiba	Krebs	aostras	Austern

Beilagen - agregados

arroz	Reis	ensalada	Salat
papas fritas	Pommes frites	verduras	Gemüse

Getränke - bebidas

agua mineral sin / con gas		Mineralwasser ohne / mit Kohlensäure	
jugo	Saft	leche	Milch
vino tinto	Rotwein	vino blanco	Weißwein
cerveza	Bier	chop	Bier vom Faß
café	Kaffee	té	Tee
agüita	Kräutertee	... de manzanilla	Kammillentee
... de menta	Pfefferminztee	... de mate	Matetee
cortado		Kaffee mit wenig Milch, im Glas serviert	
Piscola		Pisco und Coca Cola	
Pisco sour		Pisco, Zitrone, Eischnee, Zucker und Cognac	
Vaina		süßer Wein, Eigelb, Kakao, Zimt, Zucker und Cognac	
Pichuncho		Pisco, Martini und Eis	
Cola de Mono		Weinbrand, Eigelb, Zucker, Kondensmilch, Kaffee und Gewürze; wird zur Weihnachtszeit getrunken	

Die deutschen Einwanderer, die sich im 19. Jahrhundert hauptsächlich im Süden Chiles niedergelassen haben, bereicherten mit einigen Wörtern das Castellano, beispielsweise:

el berlin	Berliner Krapfen	la pilsener	Flaschenbier
el bierfest	Bierfest	el otto	typischer Deutscher
el eisberg	Eisberg	el schop	gezapftes Bier
la kermesse	Kirmes	la vienesa	Wiener Würstchen
el kitsch	Kitsch	el kuchen	Kuchen

Literatur

✱ Die einzig gute Buchhandlung (*librería*) in Puerto Natales ist *Southern Patagonia - Souvenirs and Books*, in der Bulnes 688. Neben Büchern werden auch Torres del Paine- und Chile-T-Shirts angeboten.

✱ Einen weiteren Laden finden Sie in Punta Arenas, in der Bories 404. Dort bekommen Sie gute Bücher über den Torres del Paine Nationalpark, über Tierra del Fuego, Patagonien und über ganz Chile. Es gibt Bücher über die Geschichte der südlichsten Region, die Ureinwohner, die Flora und Fauna, Bildbände über ganz Chile, Romane und, und, und ... Sie haben auch Bücher in englischer Sprache und eine Handvoll zweisprachige Bücher, die auch deutschen Text enthalten. Des weiteren können Sie ein wunderschönes Poster über den Nationalpark sowie Kartenmaterial kaufen.

✱ Chile, Reihe Jenseits des Ozeans, Guido Cozzi und Susanne Asal, Bucher Verlag, 1998, 88 Seiten, DM 39,80.

✱ Patagonien, Hubert Stadler und Michael Allhoff, Bucher-Verlag, Bildband, 1998; 216 Seiten, DM 98.

✱ In Chile ist ein schöner Bildband über das Land in spanisch/englischer Sprache von Pablo Valenzuela Vaillant mit dem Titel Chile - Paisajes del confin del mundo erschienen; 135 Seiten, $ 27.800.

✱ Vom gleichen Autor ist ein weiteres bilinguales Buch mit dem Titel Sur de Chile - Bajo la Sombra de los Volcanes erschienen; 107 Seiten, $ 27.800.

✱ In Patagonien - Reise in ein fernes Land, Bruce Chatwin, rororo-Verlag, 266 Seiten, DM 12,90.

✱ Wiedersehen in Patagonien, Bruce Chatwin und Paul Theroux, Fischer-Verlag, 71 Seiten, DM 12,90.

✱ Gute, komplette Informationen über Chile finden Sie im Reiseführer Chile & Antarktis & Osterinsel, Dirk Heckmann, OPS-Verlag, 1998, ISBN 3-930487-58-6, 412 Seiten, DM 38.

✱ Chile und Patagonien, Merian, 2/96, DM 14,80.

✱ Gute Infos über Chile bietet der in spanischer Sprache in Chile erscheinende Turistel. Ein Reiseführer, der jedes Jahr neu als Dreiteiler (Norte, Centro, Sur - Norden, Zentrum, Süden) aufgelegt wird. Infos über den Torres del Paine Nationalpark finden Sie in der *Sur-*

Erhältlich bei Straßenhändlern in Santiago, *Sernatur*-Büros oder in Buchhandlungen. Der Preis differiert zwischen $4.500 und $ 6.500 pro Buch.

* Die Fauna, die Flora und die Berge von Torres del Paine von Gladys Garay N. und Oscar Guineo N., ist in der Kombination deutsch/französisch und spanisch/englisch erschienen. Ein sehr informatives Buch über die Tier- und Pflanzenwelt des Parks mit unzähligen Fotos. Erhältlich in den beiden o.a. Buchhandlungen in Puerto Natales oder Punta Arenas.

☺ Empfehlenswerte OutdoorHandbücher aus dem Conrad Stein Verlag:

* Solotrekking, Basiswissen für Draußen (Band 45), Dietmar Heim & Dirk Klawatzki, ISBN 3-89392-145-1, DM 12,80, € 6,80.
* Kochen, Basiswissen für Draußen (Band 8), Cliff Jacobson, ISBN 3-89392-107-9, DM 12,80, € 6,80.
* Gesund unterwegs, Basiswissen für Draußen (Band 36), Dr. Karl Lang, ISBN 3-89392-136-2, DM 12,80, € 6,80.
* Erste Hilfe, Basiswissen für Draußen (Band 39), Martin Schepers, ISBN 3-89392-139-7, DM 14,80, € 7,80.

OutdoorHandbücher zu weiteren Trails in Südamerika und ReiseHandbücher zu Chile und Antarktis aus dem Conrad Stein Verlag:

* OutdoorHandbuch Bolivien: Choro Trail, Reihe Der Weg ist das Ziel, Band 79, Lars Schneider, 1999, 123 Seiten, 16 farb. Abb., 6 Karten, ISBN 3-89392-179-6, DM 22,00, € 11,00.
* OutdoorHandbuch Peru: Inka-Trail Trail, Reihe Der Weg ist das Ziel, Band 80, Lars Schneider, 1999, 123 Seiten, 15 farb. Abb., 13 Karten, ISBN 3-89392-180-X, DM 22,00, € 11,00.
* Osterinsel, Friedrich Hellmich, 1996, 121 S., 10 farb. Abb., 1 farb. Übersichtskarte, ISBN 3-89392-236-9, DM 22, € 11,00.
* Argentinien, René Junghans, 3. Aufl. 1996, 411 Seiten, 29 Abb., 17 Karten/Pläne, ISBN 3-89392-233-4, DM 34,80, € 17,80.
* Antarktis, Christian Walther, 1998, 221 S., 65 farb. Abb., Großformat, geb., ISBN 3-89392-260-1, DM 49,80, € 24,80.

INDEX

OUTDOOR HANDBÜCHER

OUTDOORHANDBÜCHER

Der Weg ist das Ziel

Band		DM
17	Schweden: Sarek	24,80
18	Schweden: Kungsleden	22,00
19	Kanada: Yukon	22,00
23	Spanien: Jakobsweg	24,80
26	West Highland Way (Schottland)	22,00
27	John Muir Trail (USA)	22,00
28	Landmannalaugar (Island)	22,00
29	West Coast Trail (Kanada)	22,00
32	Radtouren in Masuren (Polen)	24,80
33	Trans-Alatau (GUS)	22,00
37	Kanada: Bowron Lakes	22,00
38	Polen: Kanutouren in Masuren	24,80
40	Trans-Korsika - GR 20	24,80
41	Norwegen: Hardangervidda	24,80
42	Nepal: Annapurna	22,00
43	Schottland: Whisky Trail - Speyside Way	14,80
44	Tansania: Kilimanjaro	24,80
49	USA: Grand Canyon Trails	22,00
50	Kanada: Banff & Yoho Nationalpark-Tageswanderungen	22,00
51	Tasmanien: Overland Track	22,00
52	Neuseeland: Fiordland	22,00
53	Irland: Shannon-Erne	22,00
54	Südafrika: Drakensberge	22,00
55	Spanien: Pyrenäenweg GR 11	22,00
56	Polen: Drawa	19,80
57	Kanada: Great Divide Trails	22,00

Band		DM
59	Kanada: Wood Buffalo NP	19,80
60	Kanada: Chilkoot Trail	22,00
61	Kanada: Rocky Mountains - Radtouren	22,00
62	Irland: Kerry Way	22,00
63	Schweden: Dalsland-Kanal	24,80
64	England: Pennine Way	24,80
66	Alaska Highway	24,80
71	Spanien: Jakobsweg - Nebenrouten	24,80
74	Nordirland: Coastal Ulster Way	22,00
76	Pfälzerwald-Vogesen-Weg	22,00
78	Polen: Pisa und Narew (I/2001)	19,80
79	Bolivien: Choro Trail	22,00
80	Peru: Inka Trail und Region Cusco	22,00
81	Chile: Torres del Paine Cirquito	24,80
82	Norwegen: Jotunheimen (I/2000)	19,80
83	Neuseeland: Stewart Island	19,80
84	USA: Route 66	22,00
85	Finnland: Bärenrunde (I/2000)	19,80
87	Frankreich: Monblanc-Rundweg (2000)	19,80
88	Trans-Kreta (II/2000)	19,80
89	Schweden: Skåneleden (II/2000)	19,80
90	Mallorca: Sierra del Norte (I/2000)	19,80
91	Italien: Trans-Apennin (I/2000)	19,80
92	England: Themse (II/2000)	19,80
93	Spanien: Sierra Nevada	24,80
95	Norwegen: Nordkap Route (II/2000)	19,80
96	Polen: Czarna Hancza	19,80
98	England: Offas Dyke Path (I/2001)	19,80

Fernwehschmöker

46	Blockhüttentagebuch	24,80
47	Floßfahrt nach Alaska	22,00
75	Auf nach Down Under / Sacksted	14,80

☺ *Weitere Bände in Vorbereitung. Fordern Sie unseren aktuellen Verlagsprospekt an.*

... überall im Buchhandel